내 영혼의 겨울
그리고 봄

Why did This Happen to Me?
by Ray Pritchard

Copyright © 2003 by Ray Pritchard
Publisded by Harvest House Publishers
Eugene, Oregon 97402
www.harvesthousepublishers.com

Korean translation copyright © 2006 by Timothy Publishing House
Kwan-Ak P.O.Box 16, Seoul, Korea

이 책의 한국어판 저작권은 Harvest House Publishers와의 독점판권 계약에 의해 도서출판 디모데에 있습니다. 저작권법에 의하여 한국 내에서 보호를 받는 저작물이므로 무단 전재와 무단 복제를 금합니다.

사랑과 애정을 담아 클리프(Cliff)와 필리스 라아드(Phyllis Raad)에게
이 책을 바칩니다.

Why did this happen to me?
차례

Prologue 우리는 누구를 신뢰할 수 있는가? *7*

제1장
굳건한 하나님의 약속과 그 신실하심 *13*

제2장
모든 상황 속에 예시된 하나님의 섭리 *35*

제3장
고난받는 사람들에게 주시는 풍성한 열매 *57*

제4장
실패한 사람들의 네 가지 질문과 하나님의 해답 *81*

제5장
병든 사람들에게 일어나는 치유와 용서 *103*

제6장
두려움에 떠는 사람들을 중보하심 *131*

제7장
넘어진 사람들을 높이 들어쓰시는 하나님 *149*

제8장
의심하는 사람들 앞에 친히 나타나시다 *175*

제9장
임종을 앞둔 사람들에게 행하시는 기적 *193*

제10장
우리 안에서 시작하신 일을 끝마치시다 *223*

제11장
모든 세대를 향한 하나님의 신실하심 *245*

Epilogue 포기하고 항복하거나 혹은 감사하거나 *269*

Prologue

우리는 누구를 신뢰할 수 있는가?

우리가 해결책을 찾기 힘든 절망적인 상황에 부딪히게 될 때 우리는 누구를 신뢰하고, 무엇을 믿을 것인가? 사랑하는 사람이 죽어가고 있을 때 결혼 생활이 위기를 맞이하고 있을 때, 아이들이 반항할 때 의지하며 기댈 수 있는 것은 무엇인가? 선량한 크리스천이 자신의 삶 속에서 무엇인가 석연치 않은, 그것도 아주 심각한 일이 벌어지고 있음을 갑자기 알게 되었을 때 누구에게 도움을 구할 수 있겠는가? 무엇을 믿고 신뢰해야 하는가?

결국 그 대답은 하나님 한 분뿐이다. 이 책은 혼란스러운 환경과 설명할 수 없는 참사 그리고 많은 경우 어리석은 실수들 때문에 흔들리는 믿음과 씨름하는 크리스천들을 위해 쓰여졌다. 내용의 토대는 내가 25년 간 목회 현장에서 경험한 것들을 중심으로 한 것이다. 나는 상아탑 신학자로서가 아니라 사람들이 그들의 유일한 희망인 하나님께 되돌아갈 수 있도록 돕는 일을 하며 살아온 목회자로서 이 책을 집필하였다.

몇 년 전 그 이유를 지금 다 기억해낼 수는 없지만 하나님의 신실하심에 대한 연구를 해야 한다는 당위성을 느끼며, 책을 쓸 결심을 하게 되었다. 그리고 하나님에 관한 책들은 많이 나와 있지만 하나님의 신실하심에만 초점을 맞춘 책은 별로 없다는 사실을 알게 되면서 집필에 대한 열망은 더욱 커졌다. 그 즈음 내 연구도 결실을 맺기 시작했다. 연구를 통해 하나님의 신실하심이 성경이 말하고 있는 중요한 주제라는 사실이 밝혀지게 된 것이다. 그 연구는 설교 시리즈로 이어지게 되었고, 결국 이 책의 기초가 되었다.

어느 날 나는 낯선 여성으로부터 이메일을 받았다. 그녀는 하나님의 신실하심이 자신에게 어떤 의미가 있는지를 곰곰이 생각하고 있었다. 그녀는 경건한 가정에서 자랐고, 자신이 30대 초반까지 독신이라는 문제를 안고 씨름하게 되리라고는 전혀 생각하지 못했었다. 그녀는 자기 아버지와 같은 사람과 결혼해서 행복하게 살아가게 될 것이라고 늘 생각하고 있었다. 그녀는 "전 행복하게 결혼한 크리스천 주부가 될 자격이 있다고 생각했어요. 목사님에게는 이치에 맞지 않은 말처럼 들릴지도 모르지만 제게 결혼은 여성들을 향한 하나님의 약속과 같은 것이었어요. 그저 그렇게 약속하고 있는 성경 구절을 찾을 수 없었던 것뿐이었어요"라고 썼다. 그리고 그 옆에 미소를 짓고 있는 동그란 얼굴 표시를 덧붙여놓았다. 그리고 그녀는 이어 극심한 외로움 때문에 자신이 저지른 실수들에 대해 느끼는 슬픔을 이야기했다. "갑자기 심한 외로움이 몰려올 때, 장난치기 좋아하는 사탄의 지능적인 게임으로 인해 저는 기진맥진한 상태가 되었어요."

그런 다음 좋은 소식이 날아왔다. 하나님이 시작하신 일을 하나님이 마치신다는 진리가^{본서 10장 참조} 그녀의 삶을 바꾸어놓았던 것이다.

저는 기적이 일어나기를 기다리는 한편 다른 큰 죄에 빠지지 않기를 바라면서 하루하루를 그저 무기력하게 살아가고 있었어요. 여러 해 동안 "주일까지 이렇게 지낼 수 있다면 그럼 괜찮을 거야"라고 말하곤 했어요. 그러나 하나님이 제 삶 속에서 무언가를 하고 싶어하신다는 사실을 알게 되면서 제 미래에 대한 믿음으로 다시 약간의 힘을 얻게 되었어요. 정말 놀라운 하나님의 은혜는 사실 아주 간단했어요. 그 은혜는 전적으로 하나님의 사랑을 기초로 한 것이었어요. 그리고 제가 무엇을 하건 또는 하지 않건 그리고 어떤 사람이 되려고 애를 쓰고 있건 혹은 무엇을 하면서 모든 것을 엉망으로 만들어놓고 있건 간에 하나님은 여전히 저를 위한 계획을 가지고 계시다는 사실을 알게 되었어요. 제가 섬기는 하나님은 정말 경이로운 분이세요.

바로 여기서 진리의 두 선이 교차하게 된다. 우리는 이 사실을 기억하게 된다. 오늘날 우리가 겪고 있는 어려움과 문제들은 쉽게 사라지지 않는다. 그리고 그 문제들이 사라진다 해도 다른 위협들이 그 자리를 대신하게 될 것이다. 이 시대에 우리 모두는 삶과 죽음, 가족과 직장과 인간관계, 우리가 하고 있는 것과 해야 하는 것 사이에서 생겨나는 갈등, 결혼 생활이나 이혼, 독신 생활에 따르는 불가피한 스트레스, 아이를 출산하고 믿음과 소망, 사랑으로 키워야 하는 일 등에서 생겨나는 개인적인 문제들과 씨름하고 있다. 그리고 질병, 의심, 두려움, 내일 무슨 일이 일어나게 될지 아무도 알 수 없는 불확실성 등의 문제들도 있다. 어제 한 친구가 내게 "하나님이 내게는 비디오 테이프를 주지 않으셨어"라고 말한 것처럼, 미래는 우리 모두에게 하나의 신비로 남아 있다.

그러나 하나님은 항상 우리와 함께하신다. 이 문장을 다시 천천히 읽어보라. 그리고 이 진리가 당신의 영혼 속에 깊이 스며들게 하라. 이 책에서 내가 말하게 될 모든 것은 이 진리의 한 표현일 뿐이다. 우리는 하나님과 함께 시작하고 마무리도 하나님과 함께한다. 그리고 하나님은 처음부터 끝까지 우리의 유일한 소망이 되신다. 이 사실을 이미 믿고 있다면 이 책의 마지막 장까지 읽어내려가는 동안 당신의 믿음이 더 공고해질 것이다. 그리고 이 사실을 믿지 않거나 삶 속에서 일어나고 있는 일들 때문에 하나님에 대한 믿음이 흔들리고 있다면 이 책을 천천히 그리고 깊이 묵상해보기 바란다. 인생의 모든 위기 속에서 우리는 믿음을 선택할 수도 있고 아니면 의심과 좌절 앞에 항복할 수도 있다. 우리가 준비되기만 하면 우리는 언제나 우리에게 주어진 환경을 넘어서서 늘 우리와 함께해오신 하나님을 발견할 수 있다. 이 사실이 마음에 든다면 책장을 넘기고 당신이 신뢰할 수 있는 하나님을 체험하기 위한 여행을 시작해보라.

제1장
굳건한 하나님의 약속과
그 신실하심

내가 출근 준비를 하는 동안 전화가 왔다. 그러나 나는 전화 벨소리를 듣지 못했고, 전화를 건 사람은 자동 응답기에 메시지를 남겼다. 이를 확인하자 "생후 12일 된 우리 아기가 어젯밤에 숨졌습니다"라고 말하는 남자 목소리가 들려왔다. 병원으로 가서 그들과 함께 기도해야 할 것인가?

몇 분 후 병원 주차장에 차를 세우면서 나는 이 세상에서 어린 아이의 죽음보다 더 큰 비극은 없다는 생각을 했다. 나는 엘리베이터를 기다리며 그 아이의 부모를 만나 무슨 말을 해야 할 것인지를 생각했다. 간호사가 나를 작은 방으로 안내해주었다. 그곳에 들어서자 아기의 부모가 갓난아기의 몸을 부둥켜안고 앉아 있는 모습이 보였다. 아기는 몇 시간 전에 숨을 거둔 상태였다.

의학적인 설명은 정말 간단했다. 아기는 출산 예정일보다 5개월이나 일찍 태어났고, 몸무게는 0.7킬로그램 정도밖에 되지 않았다. 의사는 처음부터 아기의 부모에게 "최첨단 의료 기술을 총동원하여 최선을 다해 치료하겠지만 아기가 살아남게 될 확률은 아주 낮다"고 말했다. 어린 아이는 계속 되는 위기와 싸우며 12일을 견뎌냈다. 그리고 마침내 그 작은 몸이 더 이상 지탱할 수 없게 되었을 때 조용히 숨을 거두고 말았다.

나는 아기의 부모와 한 시간 이상 같이 있었지만, 그 시간의 기억은 흐릿하기만 하다. 단지 아기의 아버지가 "아들의 다리가 나처럼 길었다"고 말했던 것만 기억난다. 아기의 어머니는 아기를 부둥켜안고 울면서 "왜 이런 일이 일어난 거야?"라는 말만 반복했다. 그곳을 떠나기 바로 전에 나는 아기를 소중히 감싸안고 그 부모가 아기를 위해 꿈꾸고 기도했을 모든 것들을 생각해보았다. 그런데 아기는 태어나자마자 곧 세상을 떠나고 말았다. 아기의 어머니는 "이 일 가운데 하나님의 뜻이 있는 게 분명해. 무슨 이유가 있을 거야, 분명히 그럴 거야"라고 말했다.

나는 이 책을 쓰다가 잠시 멈추고 컴퓨터를 찾아보면서 그때가 가장 힘든 순간이었다는 생각을 했다. 나는 25년 이상이나 목회를 해왔고 그동안 수많은 사람들과 함께 인생의 매우 어두운 순간들을 헤쳐나오는 특권을 누려왔다. 여기서 특권이라는 말을 내가 가볍게 사용한 것이 아니라는 사실을 짚고 넘어가고 싶다. 대부분의 목회자들에게 그런 것처럼 내게도 똑같은 날은 단 하루도 없었다. 성경을 공부하면서 보내는 날도 있고 또 끊임없이 이어지는 모임과 전화 통화, 설명하기 힘들 뿐 아니라 기억하기조차 힘든 사소한 일들 속에서 묻혀버린 것 같은 날들도 있었다. 그러나 모든 목사들은 근원적인 문제들, 즉 삶과 죽음, 기쁨과 슬픔, 이익과 손해 등의 실제적인 문제들을 다루어야 할 순간들이 있다. 그런 순간들 속에서 시간은 그저 영원의 묘상에 불과하다는 사실을 또다시 깨닫게 된다.

그날 그 갑갑한 병실에서 죽은 아기의 시체를 품에 안고 슬퍼하는 부모 옆에 앉아 있었던 때는 내가 왜 목회자가 되려고 했는가를 곱씹어보게 되는 그런 순간이었다. 또한 삶에서 부딪히는 가장 힘든 순간들 가운데 하나이기도 했다. 비극적인 일이 일어나면 곧이어 언제나 제기되는 질문들이 있다. 이런 일이 왜 일어난 거지? 하나님은 왜 이런 일이 일어나도록 허락하신 거지? 왜 멈추게 하지 않으신 거지? 솔직하게 말해서 그런 질문에 대해 충분히 납득할 만한 그런 대답을 늘 할 수는 없다. 내가 대답을 할 수 없다거나, 그것이 진실이 아니라는 뜻은 아니다. 내가 할 수 있는 대답은 2000년 동안 크리스천들이 해온 대답이다. 그것은 유익하고 참되며 성경에 근거한 대답이다. 다만 그런 질문이 던져지는 순간에 그 대답이 충분하지 않은 것처럼 보일 수 있다는 뜻이다. 품에 안고 있는 첫 아이가 세상에 태어나서 눈을 뜰 수 있을 만큼도 살지 못했다는 사실 앞에서 어떤 대답인들 충분할 수 있겠는가?

나는 이러한 어려운 질문에 쉽게 대답할 수 없다고 생각한다. 쉬운 대답들이 단기적으로는 궁지에서 벗어나게 해줄 수 있을지도 모른다. 그러나 장기적으로 '쉬운' 대답이라는 바로 그 이유 때문에 종종 더 큰 해를 입게 할 수도 있다. 나는 우리에게 힘을 줄 수 있는 대답들이 있다는 사실과 하나님의 말씀 안에서 풍부한 소망을 찾을 수 있다는 사실을 오랜 세월에 걸쳐 깨달아왔다. 그 대답들을 이 책에서 나눌 수 있게 되길 바란다. 그리고 정말 모를 때는 "나도 모른다"라고 말하기를 주저하지 않을 것이다. 갓난아기를 잃은 부모에게 "아기가 죽은 이유를 나도 모르겠다"고 말한 것은 정말 진실이었다. 조산을 이해하는 데 도움이 되는 다양한 의학적 설명들이 있다는 것은 나도 알고 있다. 그러나 하필이면 왜 그 아기에게 그런 일이 일어나도록 하나님이 허락하셨는지 그 이유는 인간의 머리로는 이해할 수 없는 완전히 베일에 가려진 하나의 비밀이다. 물론 추측해볼 수는 있다. 그리고 아마도 그 추측이 어느 정도의 위로를 줄 수 있을 것이다. 그러나 세월이 지나면서 나는 우리가 다 이해할 수 없는 일들도 있다는(실제로 상당히 많이 있다는) 사실을 받아들이게 되었다. 그리고 그 사실을 통해 점점 더 많은 위안을 얻을 수 있게 되었다.

하나님과 변화

어떤 사실의 이면 역시 매우 중요하다. 목회자로 25년을 살아온 지금 내가 처음 사역을 시작했을 때보다 훨씬 더 열렬하게 믿는 것들이 있다. 그 가운데서도 단연 으뜸은 하나님의 신실하심이다. 그 말은 하나님이 자신의 백성들을 돌보시고 늘 자신의 말씀을 지키시는 분이라는 사실을 내가 믿고 있다는 것을 의미한다. 앨라배마에서 십대 청소년기를 보내면서 나는 한 감리교회 수련회에 참석해 한 주를 보냈다. 그때는 환각제와 비틀즈, 히피와 베트남 전쟁 그리고 길거리 시위가 사람들 사이에서 최고의 화제로 떠올랐던 1960년대의 격동기였다. 그 당시에는 팩스나 가상현실, CD 등에 대해 들어본 사람은 아무도 없었다. 나는 모든 것을 다 이해하기에는 아직 어린 나이이긴 했지만 그 당시가 역사상 가장 흥미로운 시기였다는 것은 기억난다. 오랫동안 잊고 있었던 그 일주일 중에서 내가 유일하게 기억하고 있는 것은 '하나님과 변화'라는 주제뿐이다. 불변하는 것은 하나님(결코 변하지 않으시는)과 변화(언제나 우리 속에서 일어나는), 이 두 가지뿐이라는 그 메시지는 환각 속에서 살아가는 세대에게 꼭 맞는 슬로건이었다. 그 뒤 30년 이상이 지난 지금도 그 진술은 전적으로 사실인 것처럼 보인다. 변덕스러운 세상에서 하나님만이 결코 변함없으시다. 하나님만이 언제나 온전히 신실하시다. 다음 성경 구절들을 생각해보라.

> "여호와께서 그의 앞으로 지나시며 반포하시되 여호와로라 여호와로라 자비롭고 은혜롭고 노하기를 더디하고 인자와 진실이 많은 하나님이로라"(출 34:6).
>
> "그런즉 너는 알라 오직 네 하나님 여호와는 하나님이시요 신실하신 하

나님이시라 그를 사랑하고 그 계명을 지키는 자에게는 천대까지 그 언약을 이행하시며 인애를 베푸시되"(신 7:9).

"이스라엘의 구속자, 이스라엘의 거룩한 자이신 여호와께서 사람에게 멸시를 당하는 자, 백성에게 미움을 받는 자, 관원들에게 종이 된 자에게 이같이 이르시되 너를 보고 열왕이 일어서며 방백들이 경배하리니 이는 너를 택한 바 신실한 나 여호와 이스라엘의 거룩한 자를 인함이니라"(사 49:7).

"너희를 부르시는 이는 미쁘시니 그가 또한 이루시리라"(살전 5:24).

"또 약속하신 이는 미쁘시니 우리가 믿는 도리의 소망을 움직이지 말고 굳게 잡아"(히 10:23).

이 성경 구절들 가운데 중요한 부분들을 찾아보면 다음과 같다.

'인자와 진실이 많은.'
'신실하신 하나님이시라.'
'신실한 나 여호와.'
'너희를 부르시는 이는 미쁘시니.'
'약속하신 이는 미쁘시니.'

언제나 신실하신 하나님

이 구절들 외에도 하나님은 신실하신 분이라는 사실을 확신시켜주기 위해 더 추가할 수 있는 성경 구절들이 많이 있다.

　그러나 정말 그런가? 오래전 먼 곳에 살고 있던 오랜 친구가 메시지를 보내왔다. 친구는 말을 잘 듣지 않는 자녀 때문에 지난 여러 해 동안 매우 힘든 시기를 보냈다. 친구는 편지를 통해 자신의 아이가 곧 소년보호시설에 수감되는 형을 선고받게 될 것이라고 알려왔다. 그리고 "'가인의 망령기'(비이성적이고 아주 반항적인 시기)를 보내는 동안에도 하나님은 우리 부부와 아이에게 신실하시다네. 아마도 아이는 회개하는 탕자가 될 거야"라고 말했다. 가정의 심각한 위기 속에서도 친구는 하나님은 신실하신 분이라는 진리를 발견하고 그 사실을 매일 새롭게 깨닫고 있었다.

　얼마 전, 앨라배마 셰필드에 있는 내 친구 브루스 손Bruce Thorn에게 전화를 걸었다. 이야기를 나누던 중에 그는 하나님이 자신에게 특정한 주제에 대해 말씀하셨던 일을 언급했다. 그는 다른 몇몇 친구들에게 그 이야기를 했고, 그들과의 대화를 통해 그 사실을 확인할 수 있었다. 그 메시지는 하나님이 자신의 백성들에게 하나님을 신뢰할 것을 요구하신다는 것이었다. 무질서와 도덕적 혼란이 난무하는 이땅에서 하루하루 살아가야 하는 우리는 특히 하나님을 신뢰하고 있는지를 자문해보아야 한다. 화창하고 아무 문제가 없는 날에 "나는 하나님을 신뢰한다"라고 말하는 것과 먹구름이 사방에서 몰려오고 빚쟁이들이 문 앞에 서 있을 때 하나님을 정말로 신뢰하는 것은 전혀 별개의 문제다.

　우리는 누구를 또는 무엇을 신뢰할 수 있는가? 우리는 '노후화'

가 예정된 시대를 살아가고 있다. 그저 몇 년 운전하고 폐기하게 되리라는 것을 알면서도 새 자동차를 산다. 한두 해 입고 말게 되리라는 것을 알면서도 새 옷을 산다. 컴퓨터의 경우는 더 심하다. 몇 년 전 나는 인터넷 옥션 하우스에서 최신형 초고속 컴퓨터를 구입했다. 과학 기술의 발달로 인해 그 컴퓨터가 곧 폐물이 되리라는 것을 알면서도 나는 살 수밖에 없었다. 지금은 그 '초고속' 컴퓨터가 메모리얼 데이 기념 퍼레이드 Memorial Day Parade, 전몰 장병 기념일 행사 - 역주 에서나 볼 수 있는 포드의 에드셀 Edsel 자동차처럼 아무짝에도 쓸모없는 구시대 유물로 전락했다.

게다가 우리는 불확실한 시대를 살아가고 있다. 기업들은 구조 조정을 하고 있다. 상사가 "자넨 여기가 맞지 않는 것 같으니 자네의 장래에 대해 이야기를 좀 해야 할 것 같네"라고 말한다. 친구들이 떠나고, 결혼 생활이 깨지며, 자녀들이 집을 떠나고, 건강도 그리 오래가지 않는다. 친구들과 사랑하는 사람들이 세상을 떠난다. 그리고 우리는 암에 걸리거나 갑자기 심장 발작으로 쓰러지게 될지도 모른다는 두려움을 안고 살아간다.

끊임없이 변화하는 이 세상에서 하나님만이 불변하시다. 모세는 "그는 신실하신 하나님이시라"고 선포했다. 그것은 오늘날에도 중요한 선언이다. 해병대는 '항상 충실한'이라는 표어를 늘 지니고 있다. 그러나 당신이 알고 있는 사람들 가운데 그런 사람이 얼마나 되는가? 이 질문을 다시 고쳐서 묻고 싶다. 당신이 알고 있는 사람들 가운데 자신이 한 말을 하나도 어기지 않고 그대로 행하며, 그 사람이 무슨 말을 하거나 무슨 행동을 하건, 전혀 염려하지 않아도 될 만큼 믿음직스러운 사람이 얼마나 되는가? 이것을 다시 이렇게 물을 수도 있다. 자신이 처한 환경이 어떻든, 또 자신이 어떻게 느끼든, 자신이 한 말을 언제나 그대로 행하며, 핑계를 대거나 마음을 바꾸지 않고 그대로 행하는 완벽한 사람은 얼마나 되는가?

우리들 대부분은 이 질문에 부합되는 몇몇 사람을 떠올릴 것이다. 그들은 자신이 한 말에 대해 칼같이 지키는 믿음직스러운 사람들이다. 그러나 여기서 묻고 있는 질문의 핵심은 우리가 신뢰할 수 있는 사람들에 관한 것이 전혀 아니다. 왜냐하면 그 질문에 해당되는 모든 자질들을 충족시킬 수 있는 사람은 아무도 없기 때문이다. 사실 그 질문은 하나님에 관한 것이다.

깨진 약속이 만연한 세상

우리는 약속을 쉽게 깨뜨리는 세상에서 살아가고 있다. 지도자들은 평화를 맹세하면서 비밀리에 전쟁을 계획한다. 사소한 논쟁 때문에 결혼 생활이 깨진다. 대통령은 스스로의 위선을 숨기며 "나는 하지 않았다"라고 거짓 맹세한다. 우연히 라디오 토크쇼를 듣다가 교묘한 사기 행각을 벌이다 폭로당한 몇몇 명사들에 대해 알게 되었다. 그 진행자는 "자기 자신에 대해 말할 때 한 치의 거짓없이 진실만을 이야기하는 사람이 있기는 한 것인가?"라는 예리한 질문을 던졌다. 이 세상에서 찾는다면 "없다"고 대답하게 될 것이다. 그러나 이 세상 너머를 바라본다면 자신이 말한 바로 그대로인 하나님이 계신다는 사실을 알게 될 것이다.

- "하나님은 인생이 아니시니 식언치 않으시고 인자가 아니시니 후회가 없으시도다 어찌 그 말씀하신 바를 행치 않으시며 하신 말씀을 실행치 않으시랴"(민 23:19).
- "유일하신 참 하나님"(요 17:3).
- "하나님은 미쁘시도다"(고전 1:9).
- "하나님은 미쁘사"(고전 10:13).
- "저는 미쁘시고"(요일 1:9).
- "그는 참 하나님이시요"(요일 5:20).

종합해보면 이 구절들은 하나님의 신실하심은 매우 중요하며 이는 하나님의 일차적인 성품이라는 사실을 입증해주고 있다. '하나님은 미쁘시다'고 말하는 것은 하나님이 정말로 어떤 분인지 그 핵심을 보여주는 것이다. 하나님은 자신의 말씀을 지키신다. 만일 하나님이 그렇게 하시지 않는다면 그것은 하나님이 아니시기 때문이다. 하나님이 하시는 모든 일은 하나님의 신실하심에 달려 있고, 우리가 받는 모든 축복들이 우리에게 올 수 있는 이유는 하나님이 자신이 하신 약속을 지키는 신실하신 분이기 때문이다. 하나님이 신실하신 분이 아니라면 우리는 구원받을 수 없다. 그리고 감히 기도할 수도 없고, 미래에 대한 소망을 확신할 수도 없다. 우리는 대신 하나님이 약속을 지키실 것인지를 의심하며 극도의 두려움을 안은 채 죽게 될 것이다. 그러나 우리 하나님이 신실하신 분이라는 바로 그 사실 때문에 우리는 믿음으로 살고 소망을 가지고 죽을 수 있다.

하나님은 신실하신 분이기 때문에 우리가 언제나 믿고 의지할 수 있다는 확실한 근거가 세 가지 있다.

하나님이 하신 모든 말씀은 참되다

성경에서 우리는 진리를 뜻하는 몇몇 용어들을 볼 수 있다. 그중 가장 중요한 단어는 '안정성, 견고성, 확실성'을 뜻하는 히브리 용어 '에메트 emet'다. 이 '에메트'라는 말에서 아멘 amen 이라는 영어 단어가 나오게 되었다. "아멘"이라고 말할 때마다 우리는 실제로 "확실하다고 생각합니다" 또는 "예, 그렇습니다. 정말로 그렇습니다"라고 말하는 것과 같다. 그러므로 "하나님은 참된 분이십니다"라고 말하는 것은 "하나님은 신실한 분이십니다"라고 말하는 것과 같은 것이다. 따라서 간단하게 정의하면 이렇다. 하나님이 신실하신 분이라는 말은 하나님은 참된 분이시기 때문에 하나님이 말씀하시고 행하시는 모든 것은 확실하다는 것을 의미한다. 그것은 또 하나님은 언제나 100퍼센트 믿을 수 있는 분이라는 것을 의미한다. 루이스 스페리 체이퍼 Lewis Sperry Chafer 는 "하나님은 참된 것을 확증하고 증진시키실 뿐 아니라 하나님의 약속을 신실하게 지키시고 하나님이 알리시는 모든 경고나 징후들을 성실하게 수행하신다"고 말했다. 하나님은 뜻하신 대로 말씀하시고, 그 말씀은 하나님이 말씀하신 그대로를 의미한다. 따라서 하나님은 자신이 하실 것이라고 말씀하신 모든 것을 행하신다. 하나님은 실패하거나 잊어버리거나 주저하거나 망설이지 않으신다. 하나님이 말씀하신 것은 말씀하신 그대로다. 그래서 그 말씀에 우리의 목숨을 걸 수 있는 것이다.

그렇다면 하나님의 참된 말씀을 어디에서 찾을 수 있을까? 성경에서 찾을 수 있다. 하나님은 우리에게 하나님의 말씀으로 가득 차 있는 성경을 주셨다. 그리고 우리가 해야 할 일은 그 책을 읽는 것이다. 성경을 배우고 공부하며 외우라. 성경을 근거로 살아가라. 피가 혈관을 통해 흐르는 것처럼 하나님의 말씀이 삶을 통해 흐를 수 있도록 말씀을 사랑하라. 하나님은 그분의 모든 말씀에 "아멘"으로 대답하신다. 그것은 성경이 하나님으로부터 왔기 때문에 우리가 성경 전체를 신뢰할 수 있다는 것을 의미한다. 창세기, 여호수아, 열왕기상·하, 에스라, 예레미야애가, 누가복음, 갈라디아서, 데살로니가전·후서, 요한삼서나 요한계시록 등 성경의 어느 곳을 읽든 우리는 이를 모두 신뢰할 수 있는데 그것은 하나님이 원저자이시고 하나님이 하신 모든 말씀은 참되기 때문이다.

예전에 20세기가 막을 내리고 21세기의 동이 터오르고 있을 때 나는 새로운 세기의 시작을 축하하기 위해 우리 교회가 무슨 일을 할 수 있을지를 곰곰히 생각한 적이 있다. 평생 한 번 있을까 말까 한 그런 행사처럼 되지는 않는다 해도 40년에 한 번 있을 법한 그런 행사로 만들고 싶었다. 현재를 살고 있는 우리들 가운데 달력이 999년에서 1000년으로 넘어갔을 때 존재한 사람은 아무도 없었다. 그리고 앞으로 1000년 후까지 살아남아 2999년이 3000년으로 바뀌는 것을 확인할 수 있는 사람도 없다. 그러니 이 진귀한 사건을 어떻게 축하하지 않을 수 있겠는가? 신중하게 생각한 후 우리는 성경 읽기 마라톤 대회를 열기로 했다. 1999년의 마지막 90시간 동안 어린아이들에서부터 노인에 이르기까지 수많은 사람들이 우리 교회 예배당 강단에서 창세기 1장 1절부터 요한계시록 22장 마지막 절까지 읽어내려가는 일에 참석했다. 우리는 1999년 12월 28일 오전 6시에 시작해서 12월 31일 자정까지 계속했다. 조금도 쉬지 않고 하나님의 말씀을 처음부터 끝까지 중단하지 않고 읽었다. 음악도, 기도도, 간증도, 설교도, 개인적인 설명도 없었다. 그 어떤 일이 생겨도 멈추지 않았다. 한 사람씩 차례로 하나님의 말씀을 계속 읽어내려갔다. 한 사람이 끝나면 다른 사람이 계속 이어갔다. 창세기, 출애굽기, 레위기 그리고 결국 열왕기하, 욥기, 이사야, 다니엘, 스가랴 이렇게 계속 읽었다. 그렇게 구약 성경을 다 읽는 데 이틀이 더 걸렸다. 그런 다음 15분 단위로 마태복음, 마가복음, 누가복음, 요한복음, 사도행전 그리고 바울 서신서를 읽어내려갔다. 성경을 읽는 일은 아침부터 정오 그리고 밤까지 계속되었다.

청중들은 2-3명에서 30-40명 또는 그 이상까지로 다양했다. 섣달 그믐날이 거의 끝나갈 때쯤 요한계시록이 낭독되는 것을 듣기 위해 수백 명이 찾아왔다. 강단에서 가까운 곳에 걸려 있던 커다란 시계가 초읽기를 하고 있었다. 드디어 자정이 되었을 때 우리는 요한계시록 22장의 마지막 몇 구절을 읽게 되었다. 성경 읽기를 다 마쳤을 때 성가대가 헨델의 메시아 중 '할렐루야'를 노래했다. 라디오와 텔레비전, 시카고 일간지, 〈보스턴 글로브 Boston Globe〉가 2000년 성경 읽기 마라톤 대회를 보도했다.

기자들은 우리가 왜 그 일을 하게 되었는지를 질문했다. 우리는 새 천년을 시작하면서 '하나님의 말씀이 참되다'는 사실과 '하나님 말씀의 모든 부분은 우리가 읽고 믿어야 할 가치가 있다'는 우리의 확신을 선포하기 위해서라고 대답했다. 이는 2000년 동안 교회를 이끌어온 메세지였다. 우리는 바로 그 메시지가 우리를 미래로 이끌어가게 되리라는 것을 세상 사람들에게 알리고 싶었다. 되돌아보면 우리가 성경을 읽으며 보낸 그 90시간은 우리 교회가 했던 가장 중요한 일 가운데 하나였다. 그 일은 하나님이 신실하신 분이기 때문에 하나님의 말씀은 믿을 수 있다는 사실을 다시 한 번 우리에게 상기시켜주었다. 하나님의 말씀은 처음부터 끝까지 모두 참되다.

하나님의 신실하심과 연결된 또 하나의 확실한 사실은 다음과 같다.

하나님의 약속들은 모두 성취될 것이다

하나님은 신실하신 분이기 때문에 자신이 하신 모든 약속들을 지키신다. 성경을 통해 하나님이 하신 약속들을 추적하기 위해 시간을 투자한 적이 있는가? 그렇게 해보지 않았다면 성경에서 당신이 발견할 수 있는 모든 약속들에 밑줄을 긋기 시작하라고 권하고 싶다. 그 약속은 누구에게 주어진 것인가? 그에 따르는 조건들은 무엇인가? 어떻게 성취되었는가? 그것이 오늘날 우리에게는 어떻게 적용되는가? 우리가 맞이하는 모든 상황, 즉 구원과 죄사함, 용서, 기도, 결혼, 자녀, 실망과 불안, 모든 다른 문제들을 포함해서 적용될 수 있는 수많은 약속들이 있다. 고린도후서 1장 20절은 "하나님의 약속은 얼마든지 그리스도 안에서 예가 되니 그런즉 그로 말미암아 우리가 아멘 하여 하나님께 영광을 돌리게 되느니라"고 말하고 있다. 유진 피터슨Eugene Peterson은 이 구절의 앞부분을 "하나님이 약속하신 것에는 모두 예수님의 '예' 도장이 찍혀진다"라고 번역했다. 하나님 아버지가 약속하실 때 하늘에서 하나님의 아들이 "예, 그렇습니다"라고 말씀하신다. 하나님의 성령은 그 약속을 말씀으로 기록하신다. 그리고 우리 마음속에 그 말씀을 적용하신다. 즉, 하나님의 약속을 우리에게 이르게 하기 위해 삼위일체 하나님이 함께 연합하신다. 그래서 우리가 하나님의 약속을 읽으면서 "아멘"이라고 말할 수 있는 것이다. 하나님이 그렇게 말씀하신다면 우리는 그 말씀을 의지할 수 있다.

오래전에 나는 여호수아 21장 43-45절에 요약된 힘 있는 진술을 발견하게 되었다.

"여호와께서 이스라엘의 열조에게 맹세하사 주마 하신 온 땅을 이와 같이 이스라엘에게 다 주셨으므로 그들이 그것을 얻어 거기 거하였으며 여호와께서 그들의 사방에 안식을 주셨으되 그 열조에게 맹세하신 대로 하셨으므로 그 모든 대적이 그들을 당한 자가 하나도 없었으니 이는 여호와께서 그들의 모든 대적을 그들의 손에 붙이셨음이라 여호와께서 이스라엘 족속에게 말씀하신 선한 일이 하나도 남음이 없이 다 응하였더라."

이 얼마나 위대한 진술인가! 여호수아로 돌아가서 자세히 살펴보면 하나님이 자신의 약속을 어떻게 지키셨는지에 대해 확인할 수 있다.

첫째, 신속하게 이루어진 것은 아니었다(7년이 걸렸다).
둘째, 어려움 없이 이루어진 것도 아니었다(수많은 전쟁을 치러야 했다).
셋째, 도중에 실패가 없었던 것도 아니었다(여호수아 7장에 나오는 아간의 죄처럼).
넷째, 생명의 손실이 없었던 것도 아니었다(많은 병사들이 많은 전투에서 목숨을 잃었다).

그러나 하나님은 말씀하신 것을 행하셨다. 그 일이 어떻게 이루어질 것인지를 미리 알았던 사람은 아무도 없었다. 그러나 그대로 이루어졌다. 결국 이스라엘은 온전한 승리를 거두었다.

글래디스 에일워드Gladys Aylward는 제2차 세계대전이 발발하기 전에 중국에서 선교사로 일했다. 일본 군대가 중국 북부를 침략했을 때 그녀는 100명의 고아들을 데리고 양챙으로 피신했다. 그녀는 고아들을 산 속으로 데려가면서 안전하게 피할 수 있으리라는 기대는 버렸다. 뜬눈으로 밤을 지샌 후 13살짜리 소녀가 홍해가 갈라졌던 일과 모세에 대한 이야기를 그녀에게 상기시켜주었다. 그러나 그녀는 "하지만 난 모세가 아니야"라고 대답했다. 그러자 그 소녀는 "물론 아니죠. 하지만 여호와는 여전히 하나님이세요"라고 말했다. 그 말은 오늘날 우리들에게도 절실한 말이다. 우리 앞에 놓인 산이 아무리 높고 험해 보인다 해도 하나님은 여전히 하나님이시다. 그리고 우리는 그 하나님을 신뢰할 수 있다.

당신이 처한 환경 때문에 짓눌려 위축되었는가? 하나님의 약속을 깊이 생각하라. 그 약속들을 읽으라. 종이에 적어 아침에 일어나서 눈을 뜨고 볼 수 있는 곳에 붙여두라. 자동차 계기반에도 붙여두라. 친구들에게 그 약속들을 이야기하라. 우리들 대부분은 기도하면서 하나님의 약속들을 그분께 상기시켜드린다. 하나님의 약속 위에 서서 흔들리지 말고 그 약속에서 떠나지 말라.

모든 시련에는 목적이 있다

하나님의 자녀들에게 우연히 일어나는 일은 아무것도 없다. 어려운 일이 닥칠 때 우리는 하나님이 우리를 잊으셨다고 생각하거나 우리에게 일어난 일이 실수이거나, 혹은 그 일에 아무 목적도 없다고 생각하는 경향이 있다. 그러나 어떤 일이든 일어난 이유가 반드시 있다. 하나님의 백성들은 이 사실을 아는 것만으로 거의 모든 일들을 견딜 수 있다.

성경에서 볼 수 있는 다음 네 가지 사실을 깊이 생각해보라.

1. 하나님은 내가 무슨 일을 겪고 있는지 알고 계신다. – "나의 가는 길을 오직 그가 아시나니 그가 나를 단련하신 후에는 내가 정금같이 나오리라"(욥 23:10).
2. 하나님은 내가 자랄 수 있도록 도와주시기 위해 시련을 사용하신다. – "우리가 환난 중에도 즐거워하나니 이는 환난은 인내를, 인내는 연단을, 연단은 소망을 이루는 줄 앎이로다"(롬 5:3-4).
3. 하나님은 고난 중에도 기뻐할 것을 내게 요구하신다. – "내 형제들아, 너희가 여러 가지 시험을 만나거든 온전히 기쁘게 여기라 이는 너희 믿음의 시련이 인내를 만들어내는 줄 너희가 앎이라 인내를 온전히 이루라 이는 너희로 온전하고 구비하여 조금도 부족함이 없게 하려 함이라"(약 1:2-4).
4. 하나님은 신실하신 창조주를 따르도록 나를 초대하신다. – "하나님의 뜻대로 고난을 받는 자들은 또한 선을 행하는 가운데 그

영혼을 미쁘신 조물주께 부탁할지어다"(벧전 4:19).

한 어린 소년이 연을 날리고 있었는데, 그 연이 짙은 뭉게구름 속으로 사라져버렸다. 지나가던 사람이 그 소년에게 무엇을 하고 있는지를 물었다. 소년은 "연을 날리고 있어요"라고 대답했다. 그 사람도 하늘을 올려다보았지만 짙은 뭉게구름밖에 볼 수 없었다. 그래서 "연이 보이지 않는데, 연이 아직 날고 있다는 걸 어떻게 아니?"라고 물었다. 그러자 그 소년은 "저도 연은 안 보여요. 그렇지만 가끔씩 이 연줄이 당겨지는 걸 느낄 수 있기 때문에 연이 날고 있다는 걸 알 수 있어요"라고 대답했다.

많은 크리스천들은 하나님이 가장 절실하게 필요할 때 하나님이 사라지시는 것처럼 느낀다. 하나님의 자녀들이여, 용기를 가지라. 하나님을 볼 수 없다고 해서 하나님이 안 계시는 것은 아니다. 하나님을 의지하라. 하나님은 당신이 하나님을 느낄 수 없을 때에도 변함없이 신실하시다. 인내하라. 조만간 '줄이 당겨지는' 것을 느끼며 하나님이 여전히 함께하신다는 사실을 알게 될 것이다.

우리에게 주어진 도전

교도소 수감자 한 사람이 내가 쓴 「그리스도인이 믿는 것들What a Christian Believes」을 읽고 편지를 보내왔다. 그는 교도소 선교회Prison

Fellowship를 통해 책을 선물 받았고, 내게 감사의 편지를 보낸 것이었다. 그 편지의 일부를 소개하면 다음과 같다.

안녕하세요, 목사님! 저는 브랜든Brandon이라고 합니다. 지금 애리조나 감옥에 수감되어 있습니다. 두 시간 반 전에 목사님의 책을 다 읽었습니다. 목사님의 책은 너무나 감동적이었고 제가 성경을 다시 손에 들 수 있게 해주었습니다.
저는 가톨릭 가정에서 자랐고 초등학교 때부터 중학교 때까지는 아시시의 세인트 프란시스에 다녔습니다. 그러나 자라면서 점점 길을 잃게 되었고 길에서 너무 멀리 벗어난 나머지 황무지 위에 서 있게 되었습니다. 결국 저는 다시 제대로 된 길로 가기 위해 얼마나 먼 길을 돌아가야 하는지조차 모르게 되었습니다.
제가 가장 좋아하는 장이 어떤 장이라고 꼭 집어 말할 수는 없지만 "미키 맨틀은 천국에 갔는가?"를 반복해서 다시 읽을 작정이라고 말씀드릴 수는 있습니다. 왜냐하면 그 장을 좋아할 뿐 아니라 죄 용서에 대해 제가 무엇을 믿어야 하는지를 알기 위해 한 번 이상 읽어야 할 필요가 있기 때문입니다.
죄 용서는 제가 정말 기억하기 어려운 부분으로 '믿음, 그 부분'이 이해하기 가장 힘들었습니다, 목사님.

그는 '그리스도를 찾으며'라는 서명으로 편지를 마쳤다. 나는 그가 하나님의 나라에서 그리 멀지 않은 곳에 있다고 생각한다. 수감 생활은 쉬운 것이 아니다. 그러나 그 시간이 당신을 구원으로 이끌어준다면 값진 시간이 될 수 있다. 나는 그가 '믿음, 그 부분'은 자신에게 참 힘든 부분이라고 한 말에 미소를 머금게 된다. 우리 모두에게도 '믿음 부분'이 참 힘들게 여겨질 때가 있다.

하나님은 얼마나 신실하신 분인가? 하나님은 그분을 찾기만 한다면 누구나 하나님을 찾을 수 있을 만큼 그렇게 선하신 분이다. 믿음은 선물이다. 그러나 그 선물마저도 누릴 수 있도록 열려져야 한다. 우리는 믿음으로 사는 동안 우리에게 고난을 허락하시는 하나님의 목적을 점점 더 많이 발견하게 된다. 우리에게 주어진 도전은 하나님을 볼 수 없을 때에도 하나님이 계신다는 사실을 믿고 하늘로부터 힘차게 끌어당기는 힘을 느끼게 될 때까지 믿음의 줄을 붙잡고 하나님을 신뢰하는 것이다.

제2장
모든 상황 속에 예시된
하나님의 섭리

정말로 모든 일이 합력하여 선을 이루는가? 다음 일들을 생각해보라.

뇌간만 있고 두뇌 없이 태어난 갓난아이가 있었다. 의사는 아기의 부모에게 아기가 살 수 있는 가능성은 거의 없다고 말했다. 아기는 16개월 동안 생명을 유지했다. 부모는 전력을 다해 아기를 돌보았다. 아기가 다시 병에 걸리자 의사는 부모에게 "아기를 병원에 데려와도 소용없어요. 우리가 아기를 위해 할 수 있는 건 아무것도 없습니다"라고 말했다.

건강해 보이는 12살짜리 소녀에게 심한 편두통이 생겼다. 금요일에 소녀는 병원에 입원했고 토요일에 세상을 떠났다. 그녀의 아버지는 "그 아이는 내 삶에 비치는 햇살이었어요"라고 말했다.

한 남자와 한 여자가 신학교를 다니는 동안 만나 사랑하고 결혼했다. 두 사람은 하나님이 자신들을 선교지로 부르신다 생각하고, 아마존 강이 펼쳐져 있는 페루 북동부의 한 외딴 마을에서 주님을 섬겼다. 그들은 늘 하던 대로 그들의 주거용 배로 돌아가기 위해 비행기에 탑승했다. 그런데 페루 공군이 그들을 마약 밀매업자로 오인하고 비행기에 무차별 총격을 가했다. 총탄이 여선교사를 관통하여 무릎에 앉아 있던 어린아기의 머릿속에 박혔다. 그녀와 아기는 그 자리에서 숨을 거두었다.

어느 날 분주한 도심 한복판에서 경찰이 마약 거래책으로 알려진 한 사람을 막고 섰다. 이내 사람들은 이 극적인 상황을 구경하기 위해 구름같이 몰려들었다. 두 사람 사이에 격투가 벌어졌고 범인은 경찰의 총을 빼 들었다. 그때 몰려들었던 구경꾼 가운데 한 명이 "쏴 버려"라고 소리질렀다. 곧 총알이 경찰의 얼굴 정면으로 발사되었다. 그때 그 경찰은 20대 초반이었다.

이 이야기들은 모두 실화다. 첫 번째 사건은 텍사스에 사는 사랑스러운 부부에게 일어났고, 두 번째 사건은 유명한 청교도 지도자에게 일어났으며, 세 번째 사건은 선교사였던 짐Jim과 로니 보워즈Ronni Bowers에게 일어났고, 네 번째 사건은 달라스 시가지에서 벌어졌다. 그리고 이와 비슷한 슬픈 사건들은 현실 속에서 셀 수도 없이 많이 발생한다.

　아프리카에서 사역하는 선교사들이 그들을 후원하는 사람들에게 다음과 같은 이메일을 보냈다.

　　올로군드Ologunde 박사가 갑작스럽게 사망했습니다. 그는 나이지리아 에그베에 있는 우리 자매 병원에서 일하던 34살의 나이지리아 출신 의사였습니다. 그런데 그 전날 밤까지 평소처럼 환자들을 돌보던 그가 다음 날 아침 침상에서 죽은 채로 발견된 거예요.
　　올로군드 박사는 비범한 사람이었습니다. 그는 에반젤 병원에서 일반 의학 실습 전문의들의 연수를 맡아 그들을 훈련시켰고, 컨설턴트 역할을 하다 마침내 훈련 책임자가 되었어요. 우리가 에반젤에서 병원 일을 시작했을 때 그는 하나님이 자신을 가장 잘 사용하실 수 있는 곳이 어디일지를 신중하게 고려한 후 나이지리아 서남부 지역에 있는 에그베 병원을 선택했어요. 곧 그는 병원 측의 간곡한 요청을 받아들여 그곳에서 일하기 시작했습니다.
　　에그베에서 일하기로 한 것은 그로서는 정말 힘든 결단이었습니다. 왜냐하면 올로군드 박사에게는 겸상 적혈구 빈혈증이 있었기 때문이지요. 그의 병은 처음 호스에서 의학 훈련을 받기 시작했을 때부터 집중 치료를 받아야 할 만큼 심각했어요. 그러나 그는 조용히 그 고통을 감수했습니다. 그는 나이지리아에서 그 병을 앓고 있는 환자들에게 좋은 본보기가 되었지요. 그래서 이 뜻밖의 비보는 에그베와 호스 병원 전체에 큰 충격이었습니다. 그는 전문의 실습 훈련 프로그램을 대표하는 훌륭한 사람이었어요. 그리고 많은 사람들의 귀감이었고, 훌륭한 남편이었으며, 가문의 자랑이었고, 그 도시의 희망이었습니다. 그랬던 그가 세상을 떠났습니다.

왜 이런 일이 일어나는 것인가? 그것도 다름 아닌 선량하고 존경받아 마땅한 크리스천들에게 왜 이런 일들이 일어나는 것인가?

하나님의 섭리에 대한 이해

그 이유를 이해하는 데 어느 정도 도움이 될 수 있는 성경 교리가 있다. 그 교리가 모든 질문에 해답을 줄 수 있는 것은 아니지만 최소한 기초는 제공해줄 수 있다. 그것은 하나님의 섭리라는 교리다. 섭리를 뜻하는 영어 단어 프로비던스providence 는 두 부분으로 이루어져 있다. 프로비던스는 프로pro 와 비디오video 가 합쳐진 것으로 '미리 보다' 라는 뜻을 가지고 있다. 대부분의 성경 번역본에서 섭리라는 단어 자체를 찾아볼 수는 없지만 그 단어의 개념이 성경 전체에서 나타나는 것을 분명히 볼 수 있다. 하나님의 섭리는 만유에 대한 하나님의 자비로운 감독을 말하는 것이다. 하나님의 섭리는 하나님 은혜의 한 국면이다. 감독이라는 말은 하나님이 사건의 방향을 지휘하시는 것을 의미한다. 만유라는 말은 하나님이 큰 그림을 알고 계실 뿐 아니라 가장 작고 상세한 일들에까지도 관여하신다는 것을 우리에게 말해준다.

다음은 하나님의 섭리를 보다 자세하게 설명해주는 진술들이다.

하나님이 모든 것을 유지하신다.
하나님이 모든 사건들을 다스리신다.
하나님이 모든 것을 그 정해진 곳으로 향하게 하신다.
하나님이 늘 그리고 모든 상황 속에서 그렇게 하신다.
하나님이 언제나 하나님의 영광을 위해 그렇게 하신다.

우연이 아니라 필연

하나님의 섭리라는 교리는 몇 가지 중요한 진리를 우리에게 가르쳐준다. 첫째, 하나님은 인생의 가장 사소한 부분들까지 돌보신다. 하나님이 관심을 기울이시지 않는 것은 아무것도 없다. 왜냐하면 하나님은 큰 일뿐 아니라 작은 일에도 마음을 쓰시기 때문이다. 실제로 하나님께서는 작은 일이나 큰 일이 따로 없다. 하나님은 참새가 떨어지는 때를 아시고 우리 머리카락의 수까지 다 세고 계신다. 하늘에 떠 있는 별들의 운행과 바다로 흐르는 강물의 진로를 아신다. 우리가 태어나는 날과 죽는 날을 정하시고 그 사이에 일어나는 모든 일들을 다스리신다. 둘째, 하나님은 모든 것을 사용하시고 그 어떤 것도 허비하지 않으신다. 하나님께는 사고가 없다. 사건만 있을 뿐이다. 우리에게는 무의미한 재난처럼 보이는 것들도 그 사건들 속에 포함된다. 셋째, 하나님의 자녀들을 예수 그리스도의 형상대로 빚으시는 것이 하나님의 궁극적인 목적이다.롬 8:29. 하나님은 그 목적을 이루시기 위해 힘든 순간들과 사람들이 만들어내는 참사들을 종종 사용하신다.

사도행전 17장 28절("우리가 그를 힘입어 살며 기동하며 있느니라"), 골로새서 1장 17절("만물이 그 안에 함께 섰느니라"), 히브리서 1장 3절("그의 능력의 말씀으로 만물을 붙드시며"), 잠언 16장 9절("사람이 마음으로 자기의 길을 계획할지라도 그 걸음을 인도하는 자는 여호와시니라") 그리고 특히 시편 115편 3절("우리 하나님은 하늘에 계셔서 원하시는 모든 것을 행하셨나이다") 등을 비롯해 많은 구절들이 하나님의 섭리에 관한 이 세 가지 진리를 가르쳐주고 있다.

하나님의 섭리라는 교리는 하나님의 네 가지 특성의 조합을 기초로 한 것이다.

    주권 – 하나님이 다스리신다.
    예정 – 모든 것이 결국 어떻게 될 것인지를 하나님이 결정하신다.
    지혜 – 하나님은 실수하지 않으신다.
    선하심 – 하나님은 우리의 최선을 중요하게 생각하신다.

R. C. 스프라울R. C. Sproul은 "하나님은 주사위를 던지지 않으신다"라고 말했다. 그 어떤 일도 결코 우연히 일어나지 않는다.

예정과 자유 의지

예정과 자유 의지가 어떻게 나란히 존재할 수 있는 것인가? 하나님이 사건들을 예정하시고 또 사람들에게는 자유로운 선택을 하게 하실 수 있는 것인가? 이 질문은 2000년 동안 크리스천들을 당황하게 만들었고 분열하게 만들었다. 그리고 어떤 대답을 하건 우리가 결코 이해할 수도, 설명할 수도 없고 이땅에서의 영원한 신비의 영역으로 남아 있게 될 것이다. 이 사실을 염두에 두고 이 질문에 대한 적절한 견해를 가지는 데 도움이 될 수 있는 몇 가지 진술을 하고자 한다.

하나님은 무슨 일이
언제
어떻게
왜
일어나는지를 결정하시고
심지어는 그 일이 일어난 후에 발생하게 될 일들까지도 친히 결정하신다.
이 사실은 태초부터
모든 곳에서 일어나는
모든 사건들에 해당된다.
하나님이 그렇게 하시는 것은
우리의 유익과 하나님의 영광을 위해서다.

하나님은 죄를 범하는 분이 아니시다.
그럼에도 불구하고 악이 하나님의 목적을 이루는 역할을 한다.
하나님은 우리의 자유 의지를 침해하지 않으신다.
그럼에도 불구하고 우리의 자유 의지가
하나님의 목적을 이루는 역할을 한다.
우리가 이 모든 것을 다 이해해야 하는 것은 아니다.
우리는 그저 그렇다는 것을 믿어야 한다.

이제 모든 오해가 제거되었기를 바란다.(이 진술은 비록 간단하지만 수세기에 걸쳐 밝혀진 하나님의 섭리에 대한 기독교의 입장을 요약해주고 있다.)

예시된 하나님의 섭리

이제 이런 배경을 요셉의 이야기에 적용해보자. 성경에 익숙한 사람이라면 그의 이야기를 잘 알고 있을 것이다. 아버지 야곱의 특별한 사랑을 받았던 요셉은 형들의 시기와 질투의 대상이었다. 어느 날 요셉의 형들은 그를 물웅덩이에 집어던졌다. 그리고 때맞춰 그곳을 지나가던 미디안 사람들에게 요셉을 노예로 팔아버렸다. 그런 다음 그들은 요셉의 '채색 옷'에 염소의 피를 묻혀 그가 들짐승들에게 죽임을 당한 것처럼 위장했다. 그 옷을 본 야곱은 아들들의 말을 곧이 곧대로 믿고 깊이 애통해했다.

명예에서 수치로

그 사이 요셉은 미디안 사람들에게 이끌려 애굽으로 가게 되었다. 그곳에서 그는 다시 바로의 군대 장관이었던 보디발에게 팔려 갔다. 창세기 39장은 요셉이 보디발에게 호감을 얻을 수 있었던 이유는 여호와께서 요셉에게 복을 주셨기 때문이라고 말하고 있다. 결국 보디발은 땅과 재산을 관리하고 다른 종들을 감독하는 일이 포함된 집안일 전체를 요셉의 손에 맡겼다. 히브리 종에게 그것은 명예로운 일이었다.

보디발의 아내는 유능하고 자부심이 강하며 외모까지 준수한 요셉을 남몰래 흠모했고, 그를 은밀하게 유혹했다. 하지만 요셉은 그것은 보디발을 배신하고 하나님께 범죄하는 것이라며 그녀의 유혹을 단호하게 거부했다. 그러나 그녀는 포기하지 않았다. 그리고 어느 날 모든 식솔들이 집을 비운 틈을 타서 요셉을 자신의 침실로 끌어들였다. 이때 당황한 요셉은 그녀에게 잡힌 옷을 벗어버리고 허겁지겁 도망쳐나왔다. 굴욕감을 느낀 그녀는 요셉이 자신을 강간하려 했다고 거짓 고발했다. 그러나 보디발은 아내의 말을 믿었고 격노한 나머지 요셉을 감옥에 가두었다.

감옥에서 궁으로

감옥에 있는 동안 요셉은 간수들과 죄수들로부터 존경을 받으며 또다시 형통하게 되었다. 여호와께서 변함없이 그와 함께 하시며 그에게 복을 주셨기 때문이었다. 마침내 바로의 술 맡은 관원과 떡 굽는 관원이 요셉이 갇혀 있던 감옥에 들어오게 되었고, 요셉은 그들과 친분을 쌓았다. 어느 날 밤 그들은 비슷한 시기에 각기 다른 꿈을 꾸었다. 하지만 그 꿈을 해석할 수 없었다. 답답해하던 이들에게 요셉이 해결사가 되어 나섰다. 하나님이 요셉을 도와 그 꿈을 해석할 수 있는 능력을 주셨기 때문이다. 요셉은 그들 각각의 꿈에 대해 떡 굽는 관원은 사형을 당하겠고, 술 맡은 관원은 석방될 것이라 예언했다. 그리고 요셉의 예언은 적중했다. 요셉은 술 맡은 관원에게 석방된 후 자신을 기억해달라고 부탁했다. 하지만 그는 궁으로 돌아간 뒤 곧 요셉을 잊었다.

2년이 흐른 어느 날 바로가 꿈을 꾸었는데 그것을 해석할 수 있는 사람이 없었다. 그때 술 맡은 관원은 요셉을 떠올렸다. 그는 곧 바로에게 꿈을 해석할 수 있는 요셉의 놀라운 능력을 알렸다. 바로는 요셉을 불러오라는 명령을 내렸고 요셉은 그의 꿈을 정확하게 해석했다. 이후 요셉에게는 큰 상이 내려졌고, 애굽의 총리 대신으로 임명되었다. 형들에 의해 노예로 팔려왔던 히브리 종에게 말 그대로 인생역전의 순간이었다.

근동 지역에 기근이 닥쳤다. 야곱은 그의 아들들에게 애굽으로 내려가 곡식을 사오라고 지시했다. 그들은 그렇게 했고 그 과정에서 요셉을 만났다. 처음에 그들은 요셉을 알아보지 못했다. 그렇게 그 일이 두 번이나 반복되었다. 세 번째 만났을 때 요셉은 형들에게 자신의 정체를 밝혔다. 그들은 자신들이 팔았던 동생이 이제 자신들의 목숨을 좌지우지할 수 있는 위치까지 올라 있다는 사실을 깨닫고 놀라움과 두려움을 감출 수 없었다. 그러나 요셉의 생각은 달랐다. 그는 다음과 같은 말로 형들을 놀라게 했다.

> "당신들이 나를 이곳에 팔았으므로 근심하지 마소서 한탄하지 마소서 하나님이 생명을 구원하시려고 나를 당신들 앞서 보내셨나이다 이 땅에 이 년 동안 흉년이 들었으나 아직 오 년은 기경도 못하고 추수도 못할지라 하나님이 큰 구원으로 당신들의 생명을 보존하고 당신들의 후손을 세상에 두시려고 나를 당신들 앞서 보내셨나니 그런즉 나를 이리로 보낸 자는 당신들이 아니오 하나님이시라 하나님이 나로 바로의 아비를 삼으시며 그 온 집의 주를 삼으시며 애굽 온 땅의 치리자를 삼으셨나이다"(창 45:5-8).

기근에서 풍족함으로

이야기는 여기서 끝나지 않는다. 형들은 가나안으로 돌아가 연로하신 아버지에게 요셉이 살아 있다는 소식을 알렸다. 그리고 심각한 기근 때문에 애굽으로 가야만 한다는 사실을 아버지에게 납득시켰다. 결국 야곱은 애굽으로 내려가 오래전에 죽은 줄로만 알았던 아들과 상봉했다. 그리고 야곱은 온 가족들이 애굽에서 정착해 살 수 있도록 허락해준 바로를 만날 수 있었다. 그후 오랫동안 야곱의 가족은 애굽에서 정착해 평화롭게 살았다. 야곱은 147세로 세상을 떠났고 요셉과 그의 형제들만 남게 되었다. 아버지가 돌아가시자 형들은 요셉이 자신들에게 틀림없이 복수할 것이라 생각하며 두려워했다. 그래서 그들은 미리 선수를 치기로 했다. 자신들의 범죄를 덮기 위해 또 다른 속임수를 쓰기로 한 것이다. 그들은 요셉에게 나아가 "아버지가 돌아가시기 전에 네가 우리를 용서하고 친절하게 대해야 한다고 당부하셨어"라고 말했다.

하지만 형들에게 대응하는 요셉의 방식은 달랐다. 요셉은 하나님의 섭리를 믿는 사람만이 할 수 있는 방법을 취했다.

"두려워 마소서 내가 하나님을 대신하리이까 당신들은 나를 해하려 하였으나 하나님은 그것을 선으로 바꾸사 오늘과 같이 만민의 생명을 구원하게 하시려 하셨나니 당신들은 두려워 마소서"(창 50:19-21).

요셉은 "당신들은 나를 해하려 하였으나 하나님은 그것을 선으로 바꾸사"라고 말했다. 그 진술의 양면은 둘 다 옳은 것이었다. "당신들은 나를 해하려 하였다." 형제들이 그에게 한 일은 악한 일이었다. 그리고 요셉은 그 사실을 듣기 좋게 꾸며서 말하려 하지 않았다. 그들이 범한 죄에 대한 책임은 100퍼센트 그들에게 있었다. "하나님은 그것을 선으로 바꾸셨다." 그렇다고 해서 그들이 악을 범하지 않았다고 말하는 것은 아니다. 다만 하나님이 악한 사람들의 악한 행동을 취하셔서 하나님의 계획을 이루시는 데 그것을 사용하신다는 것을 뜻할 뿐이다. 요셉은 자신의 삶 속에서 일하시는 하나님의 '보이지 않는 손'을 보았다. 그는 여호와 하나님이 악을 도모한 자신의 형들 뒤에 서서 적당한 때에 자신의 온 가족을 구원하기 위해 자신을 사용하셨다는 사실을 이해하고 있었다.

적절한 때에 적절한 방법으로

요셉은 "당신들은 좋지 않은 동기를 가지고 있었지만 하나님은 선한 동기를 가지고 계셨다"라고 말했다. 하나님의 목적이 분명해지기까지 오랜 세월이 걸리긴 했지만 결국 요셉은 자신에게 일어났던 모든 일들 뒤에 있는 하나님의 손을 보았다.

그 진술에 함축된 다음 의미들을 생각해보라.

적절한 때에 요셉의 형들이 그를 물웅덩이에 던졌다.
적절한 때에 미디안 상인들이 그곳을 지나가게 되었다.
적절한 때에 요셉이 보디발에게 팔려갔다.
적절한 때에 보디발의 아내가 거짓말로 그를 고발했다.
적절한 때에 요셉은 술 맡은 관원과 떡 굽는 관원을 만났다.
적절한 때에 술 맡은 관원이 요셉을 기억해냈다.
적절한 때에 바로가 요셉을 불렀다.
적절한 때에 요셉이 총리대신으로 임명되었다.
적절한 때에 야곱이 그 아들들을 애굽으로 내려보냈다.
적절한 때에 요셉의 형들이 요셉을 만났다.
적절한 때에 야곱의 가족이 애굽으로 이주했다.

적절한 때에 바로가 요셉의 가족들에게 고센 땅을 주었다.
적절한 때에 그들은 그곳에 정착했고 번영을 이루었다.

이 사건들은 모두 '적절한 때에' 일어났다. 그리고 적절한 사람이 적절한 자리에 있음으로 결국 모든 것이 하나님이 처음 정하신 대로 이루어지게 되는 '적절한 방법'을 통해 일어나게 됐다. 하나님은 그 누구의 자유 의지도 방해하지 않으셨다. 그러나 그럼에도 불구하고 모든 일이 하나님이 계획하신 대로 일어났다. 그것이 바로 생동하는 하나님의 섭리다. 그것은 또 "하나님을 사랑하는 자 곧 그 뜻대로 부르심을 입은 자들에게는 모든 것이 합력하여 선을 이루느니라"고 말하고 있는 로마서 8장 28절이 의미하는 바이기도 하다.

하나님의 섭리를 신뢰한 결과

하나님의 섭리를 정말로 믿고 있다면 그것이 인생을 바라보는 시각에, 특히 언젠가 우리 모두가 맞닥뜨리게 될 설명할 수 없는 비극적인 일들을 대하는 방식에 대변혁을 일으킨다. 특별히 다음 세 가지 내용에 대해 생각해보기로 하자.

비통함에서 우리를 자유롭게 해준다
요셉이 "당신들은 나를 해하려 하였으나 하나님은 그것을 선으로 바꾸사"라고 말하고 있는 창세기 50장 20절이 이 메시지를 분명하게 보여주고 있다. 우리는 요셉처럼 하나님의 섭리를 신뢰하지 못하고, 그분의 선하심을 의심하고 우리 삶 속에서 일하시는 하나님의 보이지 않는 손을 보지 못하기 때문에 비통해한다. 우리는 하나님이 우리가 처한 상황에 관여하지 않으신다고 생각한다. 그리고 그 때문에 분노하고 복수하려 하고 자신에게 상처를 준 사람들에게 똑같이 되갚아주려 한다. 그러나 하나님이 우리 삶 속에서 일하신다는 사실을 믿게 되면, 우리는 하나님이 최선을 이끌어내실 것이라는 확신을 가지고 평안을 누릴 수 있게 된다. 그리고 하나님이 원하시는 일을 자유롭게 하실 수 있도록 우리는 뒤로 물러설 수 있다.

고난을 바라보는 새로운 시각을 갖게 해준다

당신이 살아가면서 경험하게 되는 최악의 순간에도 하나님이 당신과 함께하신다고 생각해보라. 우리는 심각한 문제가 있을 때 "왜 나에게 이런 일이 일어난 것인가?"라는 질문에 대한 대답을 찾기 힘들다. 다시 말해서 당신의 배우자가 병을 앓게 된 이유나, 평생 모은 재산을 잃게 된 이유나, 성폭행을 당하던 순간 하나님이 개입하지 않으신 이유를 당신은 알 수 없다. 대부분의 경우 우리는 그저 왜 그런 일이 일어난 것인지를 궁금해할 뿐이다. 유산을 경험한 어머니에게 "이래저래서 당신의 아기가 사산되었습니다"라고 누가 감히 말할 수 있겠는가? 또 슬픔에 잠긴 나이지리아 교회 성도들에게 누가 감히 "올로군드 박사가 갑자기 세상을 떠나게 된 것은 이런 이유 때문입니다"라고 말할 수 있겠는가?

그러나 그때가 바로 하나님의 섭리를 신뢰해야 할 매우 중요한 때다. 그것이 인생의 신비에 대해 우리가 알고 싶어하는 모든 것을 말해주지는 않는다. 그러나 하나님이 우리와 함께하시며 우리를 돌보신다는 사실을 우리에게 확신시켜준다. 하나님은 가장 어두운 순간에도 우리가 볼 수 없는 방법으로 그리고 아마도 우리가 볼 수 있다 해도 이해할 수 없는 방법으로 우리 삶에 개입하신다.

해답을 알 수 없는 수많은 질문들 앞에서도 하나님의 섭리 때문에 우리는 계속 하나님을 신뢰할 수 있다. 하나님은 그 모든 질문들로 인한 우리의 무거운 짐들을 감당하신다.

어려울 때에도 포기하기 않는 용기를 갖게 된다

하나님이 함께하시기 때문에 우리는 삶이 사방으로 무너져 내릴 때에도 하나님이 우리를 돌보신다는 사실을 알 수 있다. 나는 몇 년 전 주말 밤에 서재에서 일을 하고 있었다. 서재는 우리 집 지하 한 쪽 구석에 있었다. 그곳은 내가 어떤 방해도 받지 않고 온전히 나만의 시간을 가질 수 있는 장소다. 나는 우리 집을 찾아오는 손님들을 그 서재에서 절대 만나지 않는다. 물론 주말 밤에 우연히 들르는 사람도 없다. 그러나 그날 밤에는 누군가 내 서재의 문을 두드렸다. 문을 열자 내 오래된 친구가 눈물을 흘리며 서 있었다. 내 손에 이끌리어 의자에 앉은 그는 "이제 다 끝났어"라는 말만 계속해서 되풀

이했다. 나는 그가 무슨 말을 하고 있는지 이미 알고 있었다. 그의 결혼 생활은 매우 비극적으로 끝이 났다. 그와 그의 아내 모두 크리스천이었지만 잘못된 선택을 반복했고 결국 결혼 생활이 파탄나고 말았다. 그날 밤 그는 아내가 이혼 수속을 밟고 있다고 말했다. 내 친구는 결혼 생활이 이제 곧 끝나고 이혼하게 되리라는 생각에 완전히 상심한 상태였다.

그는 그 위기의 순간들 속에서 그를 지탱해준 두 가지를 이야기했다. 그 중 하나는 지역 기독교 방송국에서 틀어주는 '산다는 것은 힘든 일이지만 하나님은 선하시다'라는 노래였다. 그는 그 노래의 가사를 다 외울 수 있을 정도로 수없이 많이 들었다. 그리고 그는 자신의 고통을 통해 그 노래 제목의 양면성이 의미하는 바를 깨닫게 되었다. 산다는 것은 힘든 일이다. 그 누구도 그 사실을 그에게 납득시켜줄 필요가 없다. 그러나 그가 영원히 지속되기를 희망했던 결혼 생활이 깨지면서 그는 그 고통 속에서도 선하게 역사하시는 하나님을 알게 되었다.

그리고 그는 최근에 그에게 큰 도움이 된 성경 구절을 묵상하게 되었다. 그 구절은 "우리 하나님은 하늘에 계셔서 원하시는 모든 것을 행하셨나이다"라고 선포하고 있는 시편 115편 3절이었다. 언뜻 보기에 그런 슬픈 시기에는 잘 어울리지 않는 구절처럼 보일 수도 있다. 그러나 그에게 그 구절은 생명줄이었다. '하나님의 주권'이라는 진리는 자신에게 무슨 일이 일어나든지 그것은 하나님이 계획하신 일의 한 부분이라는 사실을 그에게 말해주었다. 하나님은 그 일이 일어나도록 허락하시고 또 그 일을 막지 않으신다. 대신, 하나님은 그가 그 일을 감당할 수 있도록 도우신다. 그리고 결국 그는 고통스럽지만 반드시 필요한 교훈들을 얻게 될 것이다.

그것은 몇 년 전에 일어난 일이었다. 그때를 돌아보면서 내 친구는 그 당시 그가 시편 115편 3절을 믿었을 때보다 지금 그 구절을 더 믿고 있다고 말하곤 한다. 그 어떤 일도 그저 우연히 일어나지 않는다. 운이나 재수나 우연 같은 것은 없다. 하나님이 그분의 뜻을 이루시기 위해 언제나 모든 일들 속에서 우리와 함께 일하신다. 그것이 바로 우리 삶에서 작용하고 있는 하나님의 섭리다. 그리고 하나님의 섭리를 신뢰하는 것이 모든 질문에 대한 해답을 알게 해준다거나, 우리의 문제들을 해결해준다거나, 우리에게 쉬운 길을 가게 해준다거나 하지는 않는다. 그러나 우리 삶 속에서 아무렇게나 일어나는 것처럼 보이는 사건들에도 하나의 패턴이 있다. 지금은 비록 조화를 이루지 않은 색깔들이 무질서하게 흩어져 있는 것처럼 보일런지 모르지만, 아름다운 어떤 것을 하나님이 구사하고 계신다는 사실을 우리에게 말해준다. 확실히 산다는 것은 힘든 일이다. 그렇지 않다고 생각하는 실수를 범하지 말라. 그러나 하나님은 여전히 선한 분이시다. 이 두 진술은 하나님의 모든 자녀들에게 변치 않는 진리가 된다.

하나님의 섭리에 대한 확신

앞에서 나는 올로군드 박사의 죽음을 알리는 메시지의 앞부분을 인용했다. 그들이 보내온 마지막 몇 구절들을 더 소개하면 다음과 같다.

그러나 이 비극 속에서도 우리는 기뻐할 수 있었습니다. 우리 동료 의사들 가운데 한 사람이 지적했듯이, 올로군드 박사는 이제 더 이상 진통제를 사용할 필요가 없게 되었지요. 왜냐하면 훨씬 더 좋은 곳에 가 있기 때문입니다. 올로군드 박사는 영적으로 성숙하고 고결한 사람이었어요. 그리스도를 믿는 그의 믿음은 순수하고 뜨거웠습니다. 그리고 그 믿음은 우리에게 도전을 주었습니다. 그는 우리 병원을 찾아오는 사람들의 영적인 면을 결코 무시하지 않았고, 환자들을 인격적으로 대하도록 우리를 격려했어요.

다른 사람이 그를 대신할 수 있을까요? 물론 없을 겁니다. 에그베 병원을 향한 하나님이 계획은 계속 진행될까요? 물론입니다. 올로군드 박사가 그 외딴 곳에서 하나님을 섬기겠다고 동의한 것은 실수였을까요? 결코 그렇지 않을 겁니다.

우리는 그와 짧은 기간 동안 함께 일할 수 있었던 것을 특권으로 생각합니다. 그 경험은 우리 의료 사역의 첫 몇 개월을 풍성하게 해주었습니다. 우리는 그를 그리워하게 될 거예요.

성도의 부활을 굳게 확신하며.
나이지리아 호스에서 커쉬너 가족 드림

'성도의 부활을 굳게 확신하며.' 이 말은 최악의 순간을 맞이하면서도 하나님의 섭리를 신뢰하고 있음을 보여주는 믿음이다. 우리가 사랑하는 사람을 무덤에 묻을 때 하나님이 그곳에 우리와 함께하지 않으신다면 그리고 우리가 사랑하는 사람들이 우리를 떠날 때 하나님의 계획이 이루어지지 않는다면 우리들 중 그 누구에게도 소망이 없다. 그러나 하나님이 함께하시면 우리는 '굳게 확신하며' 미래를 맞이할 수 있다.

인생은 예상치 못했던 우여곡절들로 가득 차 있는 신비한 여행이다. 앞에 놓인 길은 우리 모두에게 하나의 신비다. 다음 모퉁이에 무엇이 있을지 확신할 수 있는 사람은 아무도 없다. 아름다운 계곡을 지나는 평탄한 길이 나올 수도 있고, 아니면 다리가 물에 씻겨 내려가서 깊은 강물을 건너가기 위한 다른 방법을 찾아야 할 수도 있을 것이다. 종종 길이 사라지는 것처럼 보일 수도 있고, 아니면 갑자기 세 갈래 길이 나타나면서 어떤 길로 가야 할지 전혀 모를 수도 있다. 그러나 길을 아는 분이 계신다. 그분에게는 과거, 현재, 미래가 모두 다 똑같은 것처럼 보이고 어둠도 한낮의 빛과 같다. 그분은 우리가 가야 할 길을 알고 계신다. 그리고 천국에 이르러 우리는 주님이 가장 어두운 순간에도 우리와 함께하셨다는 사실을 깨닫게 될 것이다. 하나님의 빛이 우리 얼굴을 환하게 비추게 되는 날까지 사는 것이 힘들어도 하나님은 여전히 선한 분이시라는 사실을 믿어야 한다. 그리고 희미한 빛 속에서도 계속 나아가야 한다. 우리는 마침내 이땅에서 우리가 걸었던 순례의 길을 돌아보며 하나님의 모든 자녀들과 함께 '예수님이 줄곧 나를 인도하셨다'라고 말하게 될 것이다.

제3장
고난받는 사람들에게
주시는 풍성한 열매

"고난 당하기 전에는 내가 그릇 행하였더니 이제는 주의 말씀을 지키나이다"(시 119:67).

"고난 당한 것이 내게 유익이라 이로 인하여 내가 주의 율례를 배우게 되었나이다"(시 119:71).

"여호와여 내가 알거니와 주의 판단은 의로우시고 주께서 나를 괴롭게 하심은 성실하심으로 말미암음이니이다"(시 119:75).

이 세 구절은 모두 괴롭거나 고통스러운 환경을 뜻하는 고난이라는 명사에서 파생된 '고난당하다' 라는 동사를 사용하고 있다. 고난은 온갖 다양한 크기와 모양으로 찾아온다. 고난은 짜증나는 코감기처럼 작은 일일 수도 있고 심각한 질병이나 실직, 박해, 적이

퍼뜨린 소문처럼 큰 일들일 수도 있다. 또는 욥이 경험한 것처럼 엄청난 고난일 수도 있다. 나의 자문을 받았던 한 저자는 우리가 고난을 찾을 필요가 없다고 말했다. 그 이유는 고난이 곧 우리를 찾아올 것이기 때문이다. 나도 그 말에 공감한다. 때로는 우리가 미련하기 때문에 곤경에 처하기도 한다. 그리고 거듭해서 어리석게 행동함으로써 큰 곤경에 빠질 수도 있다. 또 때로는 전염병이 퍼지고, 아기들이 병에 걸리고, 테러리스트들이 비행기를 몰고 초고층 빌딩을 통과하고, 콩고에서 화산이 폭발하는 등 타락한 세상에서 살고 있기 때문에 고난을 받게 될 수도 있다. 때때로 우리가 잘못했기 때문이 아니라 옳은 일을 했는 데도 그것을 배격하는 사람들 때문에 고난을 받게 될 수도 있다. 선한 사람이라고 해서 문제가 생기지 않는 것은 아니다.

 이 장을 시작하면서 우리가 생각해보아야 할 성경 구절이 하나 있다. "의인은 고난이 많으나 여호와께서 그 모든 고난에서 건지시는도다" 시 34:19. 대부분의 사람들은 이 구절의 후반부를 좋아할 것이다. 그러나 이 장에서는 주로 전반부, 즉 의인이 받는 많은 고난에 대해 이야기할 것이다. 이 장의 메시지를 한 문장으로 요약해서 알고 싶은가? 그렇다면 그 대답은 이것이다. 우리에게 어떤 일이 일어나는지가 중요한 것이 아니라 우리에게 일어나는 일에 우리가 어떻게 반응하는지가 중요하다. 이에 따라 모든 것이 달라지기 때문이다. 시편 119편을 기록한 시편 기자는 곤경에 대해 많이 이야기하고 있다. 그는 많은 고난을 받아 고난에 대해서는 전문가가 된 것처럼 보인다. 그의 말은 하나님이 우리 고난에 직접적으로 개입하신다는 사실을 우리에게 설득력 있게 상기시켜주고 있다. 그 어떤 일도 그리고 아무리 나쁘게 보이는 일이라 할지라도 결코 우연히 일어나지 않는다.

고난은 당신에게 달린 문제가 아니다

스티브Steve와 리즈 메세이Liz Massey 부부는 나와 거의 20년 동안을 가까이 지내고 있는 막역한 친구들이다. 스티브는 내가 텍사스에서 목회했던 교회의 장로였고 리즈는 예배 시간에 종종 독창을 하곤 했다. 그들의 아이들은 우리 아이들과 함께 어와나AWANA에 참석하기도 했다. 그러나 1989년 우리 가족이 일리노이 주 오크 파크Oak Park로 이사한 후 그들과의 연락이 끊어지게 되었다. 그들을 다시 만난 것은 약 9년 전 스티브가 시카고 지역으로 출장을 왔을 때였다. 우리는 저녁 식사를 함께했고, 그 자리에서 나는 그가 시를 쓰기 시작했다는 빅뉴스를 들었다. 스티브는 내게 나의 막내아들과 그의 친구들에 관해 쓴 시를 보내주었다. 그후 1996년 우리 가족은 달라스 여행 중 우리와 함께 텍사스에서 신앙 생활을 했던 사람들이 재회하는 모임에 참석했고 그 자리에서 스티브와 리즈를 다시 만났다. 그때 나는 리즈의 건강에 심각한 문제가 있다는 것을 알게 되었다. 그리고 몇 달 전 스티브는 리즈의 신장 이식 수술을 위해 아들

애런 Aaron이 신장을 기증하기로 했다는 편지를 보내왔다.

 수술 후 스티브는 내게 자신의 시집 「너를 위한 계획 Plans for You」을 보내주었다. 그는 힘겨운 일들로 의기소침해졌을 때 '기적을 행하시는 분 The Author of Miracles'이라는 제목의 시를 썼다고 했다. 그 내용은 다음과 같다.

 우리에게는 지금 기적이 필요합니다.
 일회용 반창고나 아스피린으로는 안 됩니다.
 왜냐하면 우리에게는 지금 기적이 필요하기 때문입니다.
 물 위를 걷는 기적이나
 바다 속에서 산이 솟아오르는 기적이 아니라
 하나님으로부터 오는 기적이 필요합니다.
 우리에게는 아주 작은 믿음밖에 없지만
 모든 능력이 하나님 안에 있습니다.
 우리는 이제 그 능력을 의지할 것입니다.
 주님, 우리에게는 지금 기적이 필요하다는 것을 알게 되었습니다.
 그래서 기도하고 이제 주님 안에서 안식합니다.

 어떤 형태로든 기적이 일어났던 것이 분명했다. 왜냐하면 리즈의 몸이 애런의 신장을 계속 거부하는 증세를 보였음에도 불구하고 수술은 성공적으로 이루어졌기 때문이었다. 싸움은 계속되었고 전쟁은 끝나지 않았다. 최근에 보내온 편지에서 스티브는 고난이 힘든 것은 대부분 그것이 언제 끝나게 될지(또는 정말 끝나게 될지) 알 수 없기 때문이라고 이야기했다. 그리고 그는 그 생각을 다음과 같이 추가했다. "리즈와 나는 욥을 높이 평가하게 되었어요. 욥은 병이 점점 더 심해졌지만 하나님을 저주하거나 차라리 죽여달라며 자포자기하지 않았어요(나는 지금 우리 교회 성가대에 헌정하기 위해 '더 많이 기도할수록 병이 더 심해지다' 라는 제목으로 된 패러디 곡을 만들고 있어요). 고난은 시간의 문제도 아니고, 잘 견디면 욥처럼 모든 복을 두 배나 더 받게 되는 그런 문제도 아니에요.(욥이 하루 전에 도망을 쳤다면 하나님으로부터 무언가를 받을 수 있었을까요? 대입과 회사 면접, 결혼식에서 하루 전날 도망쳐버리는 크리스천들은 얼마나 될까요?) 고난은 하나님과 관련된 문제에요. 살아 있기 때문에 질병에 걸리는 거예요. 그래서 고약한 한 해를 살기도 하는 거예요. 그렇다면 결국 누가 그 모든 것을 주장하고 있는 걸까요?"

'고난은 하나님과 관련된 문제다.' 이 얼마나 좋은 생각인가! 고난은 당신에게 달린 문제가 아니라 하나님께 달린 문제다. 고난은 다른 방법으로는 당신이 배울 수 없는 하나님에 관한 것들은 가르치기 위해 보내진다. 이 사실을 염두에 두고 이 장을 시작하면서 소개한 시편 119편의 세 구절을 자세히 살펴보기로 하자. 그 구절들은 하나님이 우리와 더 가까워지시려고 그 고난들을 어떻게 사용하시는지를 파노라마처럼 보여준다.

우리의 고난을 통한 하나님의 역사

고난당하기 전에: 그릇 행함

"고난 당하기 전에는 내가 그릇 행하였더니 이제는 주의 말씀을 지키나이다"(시 119:67).

언뜻 보기에 이 구절은 명백하게 윤리적인 죄를 범한 사람들에게만 적용될 수 있을 것처럼 보인다. 그러나 '그릇 행하다' 라는 말은 이사야 53장 6절에 나오는 것처럼 그저 단순히 '제 길로 가는 것' 을 의미한다. 시편 기자가 고난을 당하기 전까지는 통제가 잘 되고 시원하게 달릴 수 있는 고속도로와 같은 인생을 살았음을 의미한다. 그는 '전국 방방곡곡에서 제일 잘나가는 사람' 이었고 그의 생활에는 자동 속도 조정 시스템이 장착되어 있었다. 하는 일마다 잘 돌아갔고, 아내는 행복해했으며, 아이들은 더할 나위 없이 잘 자라고 있었다. 그의 출세는 상승세를 타고 있었고 조금씩, 조금씩 그가 세운 목표에 도달해가고 있었다. 완벽하지는 않았지만 그만하면 훌륭했다. 그는 기도했다. 그러나 그렇게 많이 하지는 않았다. 성경을 읽었다. 그러나 별로 확신하지는 않았다. 또한 흔들릴 때도 있었지만 그는 돌아가는 여러 가지 상황들에 상당히 만족하고 있었다. 그러나 그의 성공은 하나님을 그의 인생 변두리로 밀어버렸다. 하지만 그후 모든 것이 달라졌다. 하나님께서는 그를 위한 다른 계획이 있었다.

기쁨과 슬픔이 그저 백짓장 한 장 차이라는 사실을 우리는 얼마나 자주 깨닫는가? 한 번의 전화 벨소리로 우리의 삶이 산산조각 날 수도 있다. 그저 한 번의 전화 벨소리로 모든 것이 달라질 수 있다. 물론 우리는 그런 전화벨이 결코 울리지 않을 것처럼 살아가고 있다. 그러나 그 벨소리는 언제라도 울릴 수 있다. 그리고 그렇게 될 때 대출을 받아서 지은 우리의 집이 무너져내릴 수 있다. 사람들이 내게 "하나님이 지금도 우리에게 말씀하실 수 있다고 생각하십니까?"라고 물을 때 나는 언제나 "하나님이 우리 각자의 전화번호를 가지고 계세요. 그리고 하나님이 원하실 때 언제든지 우리 전화벨을 울리게 하실 수 있어요"라고 대답한다. 하나님은 우리의 고난을 통해 우리에게 말씀하실 수 있다. 그리고 우리가 가는 길을 막으실 수 있다.

나는 뉴욕 포터스빌에 있는 생명의 성경 연구원 Word of Life Bible Institute 에서 600명의 학생들에게 갈라디아서를 5일에 걸쳐 강의한 적이 있다. 하루는 강의가 끝난 후 한 학생이 내게 다가와 조언을 구했다. 그녀에게는 크리스천이라고 말하면서도 끊임없이 성적인 죄를 범하는 친구가 있었다. 그녀는 그 친구에게 하나님의 말씀을 알려주었고 그때마다 그 친구는 귀를 기울이며 자신의 길을 바꾸겠다고 약속했다. 그러나 그 친구는 또다시 자신의 잘못된 습관으로 되돌아갔다. 그녀는 이제 어떻게 해야 할까? 나는 그 학생에게 친구를 도울 수 있는 중요한 한 가지 방법을 가르쳐주었다. 그녀는 하나님께 친구를 회개시키는 데 필요한 모든 조치를 취해달라고 기도해야만 한다. 그것이 인생의 밑바닥까지 내려가는 것을 뜻하는 것일지라도 그렇게 되도록 기도해야 한다. 죄의 대가를 치루지 않아도 된다면 왜 굳이 죄짓는 일을 멈추겠는가? 나는 성도들에게 하나님으로부터 멀리 떠난 사랑하는 사람들이 있다면 이렇게 기도하라고 촉구해왔다. "주님, 무슨 일이든 필요한 일을 해주십시오. 아무것도 보류하지 마시고 그렇게 해주십시오. 고통을 받아야 하는 일이라면 고통을 받게 하시고 그래서 제가 사랑하는 사람들이 정신을 차리고 용서받기 위해 그리스도의 십자가로 달려가게 해주십시오." 그렇게 기도하기는 쉽지 않다. 그러나 그렇게 기도하는 것은 성경의 가르침을 전적으로 따르는 것이다. 우리는 "그들의 주의를 환기시키는 데 필요한 일이라면 무엇이든 하십시오"라고 기도하기만 하면 된다. 그런 우리의 기도에 하나님은 다양한 방법으로 응답하신다.

C. S. 루이스C. S. Lewis는 우리가 기뻐할 때 하나님은 속삭이시지만 고통받을 때는 큰 소리로 외치신다고 말했다. 고통은 잠자고 있는 세상을 깨우기 위한 하나님의 확성기다. 그것이 바로 시편 119편 67절에서 시편 기자가 말하고 있는 바다. 그의 고난이 그를 깨우고 하나님께 되돌아가도록 그를 인도했다. 그가 고난받기 전까지는 자신을 위해 살았지만 이제는 하나님 말씀에 순종하게 되었다.

고난 후에: 순종을 배움

"고난 당한 것이 내게 유익이라 이로 인하여 내가 주의 율례를 배우게 되었나이다" 시 119:71 .

우리들 대부분은 "고난 당한 것이 내게 유익이라"는 말을 쉽게 하지 못한다. 고난은 견디기 힘든 고통스러운 것이다. 그런데 그런 것을 어떻게 유익한 것이라 말할 수 있겠는가? 그러나 시편 기자는 자신이 경험한 고난에 대해 정확하게 그렇게 말하고 있다. 베드로는 예수님이 변화산 위에서 모세와 엘리야와 함께 서 계신 것을 보고 "주여, 우리가 여기 있는 것이 좋사오니"라고 말했다. 대부분의 크리스천은 이러한 모습이 베드로와 흡사하다. 베드로는 그런 다음 그곳에 한동안 머물며 성경 수련회를 가질 수 있도록 초막 셋을 짓겠다고 자원했다. 내가 보기에도 좋은 아이디어처럼 들린다. 산 위에 있겠다는 것은 전혀 잘못이 아니다. 우리 모두에게 때때로 그런 경험이 필요하다. 그리고 할 수만 있다면 산 위에 머물고 싶어 할 것이다. 나는 베드로가 한 말에 대해 "자기의 하는 말을 자기도 알지 못하더라" 눅 9:33 고 말한 누가의 소견을 생각하면서 미소를 짓게 된다. 조만간 우리 모두는 계곡으로 되돌아가야 한다. 산 정상은 일상 생활로부터 잠시 벗어날 수 있는 좋은 휴식처가 될 수 있다. 그러나 영원히 그곳에 머물 수는 없다. 우리는 삶이란 선량한 사람들에게도 좋지 않은 일이 벌어지고, 그것을 영위해나가는 것이 결코 쉽지도 않으며 언제나 즐겁지만도 않은 고통과 고난이 점철된 것이라는 사실을 깨닫게 될 것이다. 하나님이 '즐거운 때의 하나님'이나 '산 정상의 하나님'이시기만 하다면 그 하나님은 성경이 말하는 하나님이 아니다. 참 하나님은 종종 어둠 속에서 가장 잘 보이고, 우리가 가장 깊은 슬픔 속에 있을 때 가장 강력하게 느낄 수 있는 분이시다.

평탄한 삶을 통해서는 우리가 깨달을 수 없는 것들을 우리에게 가르치시려는 것이 고난의 목적 가운데 하나다. 어려운 일이 닥치기 전까지 하나님과 그분 말씀에 대해 알고 있는 우리의 지식은 마치 자동차 수리에 관한 책을 세 권 정도 읽고 자동차 정비소를 차리는 사람의 지식과 다를 바 없다. 나는 내 자동차가 고장날 경우 손톱 밑에 기름때가 끼어 있는 사람에게 차의 수리를 맡기고 싶다. 정비사가 마치 도서관에서 갓 나온 사람처럼 너무 말끔하다면 나는 그 사람의 전문성을 의심하게 될 것이기 때문이다. 내가 원하는 사람은 경험을 통해 연료 펌프와 물 펌프의 차이를 구분할 줄 아는 사람이다.

고난은 가장 훌륭한 교사

시편 기자는 슬픔의 골짜기를 지난 것이 자신에게 유익이 되었는데, 그 이유는 그러한 경험을 통해 하나님의 말씀을 배울 수 있었기 때문이라고 말하고 있다. 마틴 루터는 시편 기자가 고난을 당하기 전까지는 하나님의 말씀을 전혀 배우지 못했다고 설명했다.

그에게 고난은 가장 훌륭한 교사였다. 많은 크리스천들은 이 사실을 받아들이기 쉽지 않을 것이다. 왜냐하면 우리는 부정적인 환경에 처하고 싶어하지 않기 때문이다. 우리는 우리의 결혼 생활이 보다 나아지고, 우리의 경력이 점점 화려해지며, 우리의 재정 상태가 개선되고, 우리의 건강 상태가 좋아지길 바란다. 우리가 세상을 마음대로 움직일 수 있게 된다면, 우리들 대부분은 지금 처해 있는 상황들에 특정한 변화를 꾀할 것이다. 그러나 우리의 선택이 하나님의 선택보다 더 낫다고 확신할 수 있겠는가? 지금 우리가 처한 환경이 마음에 들지 않는다고 해서 우리가 그곳에 있지 말아야 하는 것은 결코 아니다. 삶에 대한 우리의 개인적인 만족도가 우리가 지금 있어야 할 곳을 결정하는 기준이 될 수 없다.

하나님의 등식에 대입할 때 모든 것이 세상적인 기준과 매우 다르게 보일 수 있다. 그렇다고 고난 자체가 덜 고통스러워진다거나, 슬픈 일이 행복한 일로 바뀐다거나, 악한 것이 선한 것으로 바뀐다거나 하지는 않는다. 그리고 할 수 있음에도 불구하고 변화하지 않으려 하는 것을 의미하는 것도 아니다. 하나님의 등식에 입각하여 우리가 힘든 시기를 돌아볼 때 그 일이 없었다면 우리가 결코 알 수 없었을 우리 자신과 하나님에 관한 것들을 배울 수 있기 때문이다. 우리는 그 시기를 보낸 것이 우리에게 얼마나 유익이었는지를 알게 된다. 하나님의 방법은 우리의 방법을 훨씬 능가하고, 하나님은 거룩하고 의로우시며 자비로우신 분이라는 것을 알게 되며, 하나님은 그분의 자녀들에게 언제나 신실하신 분이라는 사실을 알게 된다. 그리고 우리가 자신에 대해 생각하는 것처럼 그렇게 강하거나 지혜롭거나 영향력 있거나 영리하지 못하다는 사실을 배우게 된다. 결국 우리는 하나님 아버지를 절실하게 필요로 하는, 의지할 데 없는 사람들이라는 사실이 드러나게 된다.

고난의 열매는 인내에서 온다

크리스천으로서 살아온 나의 30년 세월을 돌이켜보건데, 내가 가장 많이 성장했을 때는 일생일대의 깊은 슬픔과 실망을 경험했을 때였다. 1974년 11월 아버지가 돌아가셨다. 마를렌과 내가 결혼하고 나서 석 달이 지난 후였다. 아버지가 돌아가시던 날 내가 알고 있었던 세계는 사라졌다. 그리고 다른 세계가 그 자리를 대신했다. 원래 상태로 다시 돌아갈 수 없었다. 그리고 14년 후 나는 직장을 잃게 되었고 한동안 우리 식구를 부양할 길을 찾지 못하고 있었다. 몇 개월 동안 나는 미래를 향한 분명한 방향을 잡지 못했고, 청구서를 지불한 돈도 별로 없는 상태였기 때문에 마치 절벽에 매달려 있는 듯한 기분이었다. 이런 나에게 친구인 릭 서디스^{Rick Suddith}는 "지금의 상황이 곧 바뀔 것처럼 보이지 않아. 그러니까 흔들의자를 하나 구해 현관 앞에 놓고 그 위에 앉아 인생을 묵상해보는 게 어떨까. 하나님이 온전히 너에게 말씀하실 수 있도록 시간을 드리는 거야"라고 충고했었다. 나는 '하나님을 서두르시도록 만들 수 없다'는 이 간단한 말의 의미를 힘든 방법을 통해 배웠다. 하나님은 떠밀리지 않으실 것이다. 그리고 하나님을 서두르시도록 만들려는 사람들에게 친절을 베풀지 않으신다. 그런 경험들을 돌아보면서 나는 하나님이 내 삶에 필요한 변화들을 이끌어내시고 내가 성숙할 수 있도록 나를 자극하기 위해 내 삶 속에서 일하셨던 것을 알 수 있다. 하나님이 내 삶 속에 관여하심으로 인해 내가 고난받았던 것이 내게 유익이었다고 나는 정말로 말할 수 있다.

    어려운 시기에 우리가 드리는 기도는 대부분 "이 상황을 바꾸어주십시오"라는 이 세 마디로 요약될 수 있다. 그렇게 기도하는 것이 잘못된 것은 아니다. 그러나 그런 기도가 우리를 잘못된 방향으로 이끌어갈 수 있다. 시편 119편을 진지하게 받아들인다면 그렇게 기도하는 대신 "하나님, 제게 당신의 말씀을 가르쳐주십시오"라고 기도해야 한다. 그런데 우리는 대부분 이렇게 기도한다. "제 결혼 생활을 달라지게 해주시거나 이 생활에서 벗어나게 해주십시오." "제 상사의 생각을 바꾸어주셔서 그녀가 저를 인정할 수 있게 해주십시오." "제 건강 상태를 바꾸어주셔서 제 기분이 좀 나아지게 해주십시오." "제 재정 상태를 바꾸어주셔서 밀린 청구서들을 다 지불할 수 있게 해주십시오." 우리 가운데 이렇게 기도해보지 않은 사람은 아무도 없을 것이다. 그러나 하나님은 기도하는 우리를 먼저 변화시키고 싶어하시기 때문에 그런 환경들을 바꾸어주시지 않는다.

    지난 몇 달 동안 나는 신·구약 성경에 거듭 나오고 있는 특정한 주제들에 감탄했다. 나는 하나님이 구약 성경에서 "기다려라"고 얼마나 자주 말씀하시는지를 보고 깜짝 놀랐다. 그 한 예로 "너는 여호와를 바랄지어다 강하고 담대하며 여호와를 바랄지어다"라고 말하고 있는 시편 27편 14절을 들 수 있다. 그리고 신약 성경에서도 바울 사도가 그의 편지를 읽게 될 독자들이 '인내하고 견디기 위한 은혜'를 가질 수 있도록 얼마나 자주 기도했는지를 보고 또 놀랐다. 그것은 바울 사도가 그의 독자들을 위해 "그 영광의 힘을 좇아 모든 능력으로 능하게 하시며 기쁨으로 오래 견딤과 오래 참음에 이르게 하시고"라고 기도한 골로새서 1장 11절에서 분명하게 볼 수 있다. 우리는 상황이 변화되기를 바랄 때 하나님은 우리에게 '기다려라,' '인내하라,' '견뎌라,' '참아라'고 말씀하신다. 그래서 '오래 참음'이 성령의 열매인 것이다 갈 5:22. 우리는 고난이 순식간에 지나가길 바란다. 그러나 그것은 천국의 메뉴가 아니다. 우리가 하나님의 말씀을 배우고, 은혜 안에서 자라며, 전에는 우리가 결코 몰랐던 것을 배우게 되는 때는 바로 참고 기다리며 견디는 때다. 그런 후에야 우리는 "힘들었다. 기대하지도 원하지도 않았던 일이었다. 그리고 지금도 그 일이 다른 방법으로 이루어졌더라면 좋았을 것이라고 생각한다. 그러나 그 모든 일들 가운데 하나님은 신실하셨다고 선언할 수 있다. 고난이라는 불 속을 지났던 것이 유익이었음을 이제는 알 수 있다. 그리고 내 삶을 향한 하나님의 지혜로운 계획으로 인해 하나님을 찬양할 수 있다"라고 말할 수 있게 된다.

고난 중에: 하나님의 신실하심

"여호와여 내가 알거니와 주의 판단은 의로우시고 주께서 나를 괴롭게 하심은 성실하심으로 말미암음이니이다" 시 119:75.

'내가 알거니와'라고 말하는 것은 과거를 돌아보면서 하나님이 고통과 상심 속에서 어떻게 도와주셨는지를 거듭 확인하며 얻게 되는 확고한 지식을 말한다. 모래 위에 남겨진 두 쌍의 발자국에 관해 이야기하고 있는 '발자국'이라는 시에는 고난 중에 하나님이 어떻게 역사하시는지를 잘 보여주고 있다. 두 쌍의 발자국 중 한 쌍은 당신의 발자국이고, 다른 한 쌍은 당신과 함께 걷고 있는 하나님의 것이다. 그러나 가장 암울할 때에 우리는 모래 위에 한 쌍의 발자국만 남아 있는 것을 보게 된다. 그리고 그 이유를 알고 싶어하는 우리에게 주님은 대답하신다. "네가 걸을 수 없을 때 내가 너를 내 두 팔로 안고 갔기 때문이다." 이 시가 많은 사람들의 공감을 얻을 수 있었던 것은 아주 보편적인 경험을 이야기하고 있기 때문이다. 돌이켜보면 우리는 하나님이 우리를 안고 가지 않으셨다면 결코 헤어나올 수 없었을 힘들었던 시기들을 기억해낼 수 있다. 그것이 바로 시편 기자가 시편 119편 75절에서 말하고 있는 그런 검증된 지식이다.

시편 기자는 고난받은 결과 다음 세 가지 사실을 알게 되었다고 말한다.

- 하나님이 말씀하신 모든 것은 옳다.
- 우리가 고난받을 때에도 하나님은 신실하시다.
- 하나님은 우리에게 일어나는 모든 일들 속에 개입하신다.

힘들 때 우리는 '뭔가 잘못된 것이 분명하다'고 결론내리기 쉽다. 그러나 시편 기자가 "주께서 나를 괴롭게 하심은 성실하심으로 말미암음이니이다"라고 말한 것을 잘 생각해보라. 그는 불행한 일들과 힘든 환경으로 인한 고통, 하나님의 목적을 이루는 과정에서 고난을 받고 있다. 이때 그는 자신을 사랑하시는 신실하신 하나님을 이해하고 싶은 마음으로 수많은 질문들을 던지며, 응답 없는 뿌연 안개 너머를 바라보고 있다. 그것은 하나님의 주권을 바라보는 차원 높은 시각이었다. 그가 적들로부터 받는 공격조차도 하나님의 은혜로운 허락 없이 일어날 수 없었다. 사탄도 하나님이 허락하시지 않으면 그의 털끝 하나 건드릴 수 없다. 그를 헤치려는 그 어떤 술책도 성공할 수 없고, 그를 건드리려는 그 어떤 악한 무기도 사용할 수 없다. 그리고 그것은 하나님의 신실하심에도 불구하고가 아닌 바로 하나님의 신실하심 때문이다.

하나님의 주권을 전적으로 신뢰하는 믿음

"주께서 나를 괴롭게 하심은 성실하심으로 말미암음이니이다." 이것은 매우 고차원적인 믿음의 고백이다. 하나님은 하나님의 영광과 우리의 궁극적인 유익을 위해 자신이 계획하지 않으신 일은 그 어떤 일도 일어나지 않게 하신다. 이로부터 우리는 '하나님은 최고의 주권을 가진 분'이시라는 결론을 내리게 된다. 짐 바우어Jim

Bower는 2001년 4월 아내 로니Roni와 어린 딸 채리티Charity를 잃었다. 선교 사역을 위해 경비행기를 타고 가던 중 페루 제트기가 발사한 총에 맞아 둘 다 목숨을 잃었기 때문이다. 인간적인 생각으로는 결코 일어나서는 안 되는 비극적인 참사였다. 그때를 돌아보면서 짐 바우어는 그 총탄을 '하나님의 주권에 속한 총탄'이라고 명명했다. 하나님을 진정으로 아는 사람만이 할 수 있는 말이었다. 그것은 시편 119편 75절에서 시편 기자가 했던 고백과 같은 말이었다. 그는 자신의 삶 – 좋았던 때와 좋지 않았던 때, 행복했던 날들과 슬펐던 날들 – 을 돌아보면서 자신에게 일어났던 모든 일들이 우연히, 혹은 운에 따라 일어나는 도박 같은 것이 아니라는 사실을 알게 되었다. 그 일들은 그분의 자녀들을 향한 그분의 신실하심을 보여주는 증거로 그에게 일어났던 것이다. 결국 그가 겪은 고난 때문에 그의 믿음은 흔들리지 않았고, 오히려 그의 믿음은 더욱 굳건해졌다. 짐 바우어는 무디 재단에서 자신의 경험을 이야기하며 자기 아내와 딸의 죽음에 대한 하나님의 주권을 자신이 얼마나 온전히 신뢰하는지를 분명히 밝혔다. 그는 "아내와 딸에게는 나쁜 일이 하나도 일어나지 않았습니다. 그들은 우리보다 먼저 천국에 도착했습니다"라고 말했다. 그런 주장은 믿음인가? 아니면 환상 속에서 나온 말인가? 나는 그 말이 큰 상심 속에서도 하나님의 약속을 믿는 믿음을 가진 사람의 말이라고 생각한다. 최악의 재난도 하늘의 관점에서 바라볼 때는 그렇게 절망적이지 않을 수 있다.

그런 믿음에는 또한 엄청난 전도의 힘이 있다. 사람들은 비참한 환경 속에서도 믿음을 지키며 고난을 감수하는 성도들을 경외한다. 세상도 우리의 기쁨을 부분적으로 모방할 수는 있을 것이다. 그러나 가장 어두운 방에서 가장 밝게 빛나는 믿음은 결코 모방할 수 없다. 우리 믿음이 우리의 환경을 넘어서 그것을 능가하는 것을 보면서 세상은 "도대체 어디서 저런 힘이 나오는 것일까?"라고 묻는다. 그리고 그때 예수 그리스도께서 우리를 위해 모든 것을 어떻게 변화시키셨는지를 이야기할 수 있는 문이 열리게 된다.

믿음의 세 단계

이 장을 마무리하면서 고난받는 동안 나타나는 믿음의 세 단계를 생각해보기로 하자.

첫째, "이제는 주의 말씀을 지키나이다"라고 말하는 순종적 믿음이 있다.
둘째, "고난 당한 것이 내게 유익이라"고 말하는 단언적 믿음이 있다.
셋째, "나를 괴롭게 하심은 성실하심으로 말미암음이니이다"라고 말하는 영화로운 믿음이 있다.

이 단계에 도달하게 되면 "할 수 있다면 바꾸지 않을 것이다"라고 말할 수 있게 된다. 우리들 가운데 이런 단계에 도달할 수 있는 사람은 아마 없을 것이다. 그리고 그럴 필요도 없을 것이다. 믿음은 각 사람의 마음속에서 그 수준에 맞게 일어난다. 우리는 과거를 돌아보면서 하나님이 하신 모든 일들 속에서 그리고 그 일들이 일어나야 했던 모든 방법 속에서 하나님은 틀림이 없으셨다는 사실을 깨닫는다. 결과적으로 우리는 하나님이 우리의 가장 쓰라린 고난들 속에서도 하나님을 영화롭게 하셨다고 주장할 수 있는 것이다. 이 얼마나 멋진 일인가?

당신이 겪는 고난은 당신에게 달린 문제가 아니라 하나님께 달린 문제다. 당신이 겪는 시련은 당신의 얼굴을 땅에서 하늘로 들어올리게 하고, 살아가면서 가장 힘든 위기를 만날 때 하나님의 은혜가 얼마나 풍성한지를 발견하도록 하기 위한 것이다. 그것은 당신이 겪는 고통이 지금은 비록 헛된 것처럼 보인다 할지라도 결코 그렇지 않다는 것을 뜻한다. 살아가면서 일어나는 모든 일에는 목적이 있다. 그리고 그 목적은 하나님을 영화롭게 하고 우리가 하나님과 가까이 동행하는 삶을 살아가도록 하는 데 있다.

고난에 반응하기

이 모든 것들에 비추어볼 때 우리는 우리에게 닥친 시련과 고난, 곤경에 어떻게 반응해야 하는 것인가? 다섯 가지 제안이 있다.

1. 고난에 대해 하나님께 감사하라.

"범사에 감사하라." 이것은 우리가 데살로니가전서 5장 18절을 통해 배운 것이다. 우리는 모든 상황에서 감사해야 한다. 그것이 하나님의 뜻이다. 그렇다고 해서 모든 것에 대해 감사해야 한다는 뜻은 아니다. 이는 우리의 환경이 아무리 암울해 보인다고 할지라도 언제나 감사할 수 있는 이유들이 있음을 의미한다. 우리가 즐겨 부르는 찬송가에서 다음과 같이 노래하고 있다.

> 세상 모든 풍파 너를 흔들어 약한 마음 낙심하게 될 때에
> 내려주신 주의 복을 세어라. 주의 크신 복을 네가 알리라.
> 받은 복을 세어 보아라. 크신 복을 네가 알리라.
> 받은 복을 세어 보아라. 주의 크신 복을 네가 알리라.

우리에게는 지금까지 '받은 복을 헤아려보는' 작업이 필요하다. 또 그렇게 하는 것이 우리에게 유익하다. 그리고 우리가 경험한 고난들을 하나하나 헤아려보는 것에는 믿음을 세워주는 무언가가 있다. 고난을 헤아려보는 동안(잘 살펴본다면) 하나님이 인생의 고난들을 통해 어떻게 일하시며 얼마나 큰 복을 주셨는지 보고 놀라게 될 것이다. 당신이 받은 고난을 헤아려보기 시작하라. 그러면 곧 당신이 받은 복들을 헤아리게 될 것이다.

2. 당신의 삶 속에 남기신 하나님의 지문을 보라.

내가 말한 것이 사실이라면 우리는 모든 고난 속에서 하나님이 역사하셨음을 보여주는 증거를 찾을 수 있어야 한다. 당신의 고난 때문에 하나님께 얼마나 가까이 다가가게 되었는지를 생각해보라.

기도가 응답된 증거들을 찾아보라. 거룩한 천사들이 당신을 대신해 행한 일들을 찾아볼 수 있는지 확인해보라. 하나님은 그분이 손을 대시는 모든 것에 언제나 지문을 남기신다. 하나님이 당신을 대신해 어떻게 일하셨는지를 볼 수 있도록 당신의 눈을 뜨게 해주시기를 기도하라.

3. 하나님의 말씀에 몰두하라.

하나님의 말씀으로부터 멀어지게 만드는 유혹을 받게 될 때 그 유혹을 따르는 대신 하나님의 말씀을 향해 달려가라. 성경 속으로 뛰어들어가라. 고난이 당신을 하나님의 말씀 속으로 더 깊이 몰아넣게 하라. 성경 전체를 다 읽을 수 없다면 한 장씩 읽으라. 한 장을 다 읽을 수 없다면 몇 구절씩이라도 읽으라. 한 구절이라도 읽으라. 그리고 읽은 부분을 놓고 기도하라. 읽은 말씀을 붙잡으라. 하나님의 약속을 하나님에게 고하라. 하나님의 말씀을 기초로 기도하라. 당신과 당신 주변에 어떤 일이 일어나든지 하나님의 말씀에 순종하기로 결단하라. 그렇게 하면 시련이 시작되기 전보다 훨씬 더 강한 믿음을 가지고 그 시련에서 벗어나게 될 것이다.

4. 하나님을 의뢰하라.

포기하지 말라. 굴복하지 말라. 무슨 일이 일어나도 하나님을 신뢰할 것이라고 말씀드리라. "그가 나를 죽이실지라도 나는 그를 의뢰하리니" 욥 13:15, KJV. 하나님을 믿는 당신의 믿음이 흔들리지 않는다는 사실을 친구들이 알리라. 하나님이 지금까지 인도하셨고 또 앞으로도 당신을 버리지 않으실 것이라는 사실을 믿고 세상에 선포하라.

5. 하나님에 대해 배운 것들을 다른 사람들과 나누라.

고난의 때에 하나님이 우리를 도우시는 것은 우리가 그 고난을 이기고 난 후 고난당하는 다른 사람들을 돕게 하시려는 것이다. 우리가 다른 사람들을 위로할 수 있도록 하나님이 우리를 위로하신다. 인생의 굴곡을 기록한 일기를 쓰는 것이 도움이 된다. 그렇게 기록한 일기는 우리가 겪은 모든 일들과 그 싸움들 속에서 하나님이 우리를 어떻게 도우셨는지를 상기시켜줄 것이다. 그리고 나중에 다른 사람들을 돕는 일에 사용될 수 있는 자료 역할을 하게 될 것이다.

고난을 유익으로 이끄시는 하나님

이제 개인적인 질문을 생각해보라. 당신은 어떤 고난을 겪고 있는가? 지금 어려운 상황에 처해 있는가? 간절하게 바꾸고 싶은 환경들이 있는가? 인생이 곤두박질치는 것처럼 보일 때 변치 않고 믿음을 지키기 위해 씨름하는가? 나는 당신의 경험이 보기 드문 것이라고 말할 수 있다면 좋겠다. 그러나 그렇지 않다. 옛 속담처럼 '누구에게나 비가 어느 정도는 내려야 한다Into each life some rain must fall'. 어떤 사람들에게는 뇌우가 그치지 않고 억수같이 비가 쏟아지는 것처럼 보이기도 한다. 지금 행복한 삶을 살고 있다면 그 삶을 누리면서 하나님께 감사하라. 하지만 영원히 그런 상태만 유지되지는 않을 것이다. 조만간 불행이 모퉁이를 돌아 찾아올 것이다. 아마 그리 오래 걸리지 않을 것이다.

우리 모두 같은 배를 타고 있다. 〈블랙 호크 다운Black Hawk Down〉이라는 영화에 이 사실을 잘 보여주는 한 장면이 나온다. 부상당한 미군들을 실은 군용차 한 대가 소말리아 민병대가 쏘는 총탄이 빗발치는 길 한복판에 멈추어 선다. 동승한 담당 장교는 한 병사를 지목하며 운전석에 올라타 차를 몰라고 명령한다. 하지만 그 병사는 "올라탈 수가 없어요. 저를 포함한 우리 모두 부상을 당했어요"라고 대답한다. 그러자 장교는 다시 한 번 "올라타고 차를 몰아"라고 명령한다. 그 장면은 너무나 리얼했기 때문에 오랫동안 여운이 가시지 않았다. 크리스천들은 모두 이런저런 식으로 부상을 입고 있다. 그리고 그 사실의 핵심은 우리에게 어떤 일이 일어났는지가 아니다. 모든 것을 달라지게 만드는 중요한 진리는 우리가 어떻게 반응하는가 하는 것이다. 우리의 고난은 실수 때문이 아니다. 우리의 고난은 깊고 심오한 뜻을 가지고 천국에 이를 때까지 우리가 다 이해할 수 없는 방법으로 우리를 찾아오는 하나님의 선물이다. 고난은 우리를 겸손하게 하고 우리로 하여금 우리의 연약함을 인정하지 않을 수 없게 만든다. 또한 세상에서 그 어떤 것도 우리를 도울 수 없을 때 유일하게 우리를 도우실 수 있는 하나님께로 우리를 인도한다.

때때로 우리는 세상적인 지식으로는 설명할 수 없는 일들에 부딪히게 될 것이다. 그럴 때 우리는 '잠잠하라. 하나님이 일하신다'라는 표지판을 만들어 세울 필요가 있다. 계속 믿어라. 포기하지 말라. 굴복하지 말라. 하나님이 당신 안에서 일하시게 하라. 가장 큰 비극은 고난을 통해 하나님이 우리에게 가르치고 싶어하시는 것을 배우지 못하는 것이다. 시편 기자가 "고난 당한 것이 내게 유익이라. 이로 인하여 내가 주의 율례를 배우게 되었나이다"라고 고백할 수 있었던 것처럼 우리도 그 지점까지 하나님이 데려가주시기를 바란다.

제4장
실패한 사람들의 네 가지 질문과 하나님의 해답

토마스 오바댜 치숄름 Thomas Obadiah Chisholm 은 1866년 켄터키 주 프랭클린이라는 작은 마을의 통나무 오두막집에서 태어났다. 그는 고등학교나 대학을 다닌 적이 없었다. 그러나 16살에 초등학교 교사가 되었고 5년 후에는 일간지 〈프랭클린 페이버릿 Franklin Favorite〉의 부편집장으로 임명되었다. 27살이 되었을 때 그는 H.C. 모리슨 H.C. Morrison 박사가 인도하는 부흥 집회에 참석했다. 그곳에서 그는 예수님께 자신의 마음을 드렸고 한동안 감리교 사역자로 헌신했다. 그후에 그는 보험사 직원으로 일했다. 그는 인디애나 위노나 레이크에서 살았고 나중에는 뉴저지 바인랜드에서 살았다.

그는 평생 동안 1,200편의 시를 썼다. 1923년 그는 자신이 쓴 시 한 묶음을 시카고에 있는 무디 성경 학교에서 일하던 음악가 윌

리암 런얀William Runyan에게 보냈다. 런얀은 특별히 그가 쓴 한 편의 시에 큰 감동을 받았고 그 시에 곡을 붙여 노래를 만들었다. 그리고 그 노래는 런얀에 의해 발표되어 20세기에 가장 사랑받은 찬송가 가운데 하나가 되었다. 그 찬송가는 무디 성경 학교의 학장이었던 윌 휴튼Will Houghton이 가장 좋아하는 찬송가가 되었고, 훗날 무디 성경 학교의 비공식 주제가로 알려지게 되었다. 그리고 1954년 빌리 그래함Billy Graham이 런던의 헤링에이 아레나Harringay Arena에서 집회하는 동안 조지 비벌리 쉬George Beverly Shea가 그 찬송가를 영국에 소개했다.

1941년 토마스 오바댜 치숄름은 자신의 개인적인 간증을 다음과 같이 기록했다.

젊었을 때부터 지금까지 줄곧 나를 떠나지 않은 좋지 않은 건강 때문에 내 수입은 언제나 그리 충분하지 못했다. 그러나 나는 언약을 지키시는 하나님의 변함없는 신실하심을 기록하지 않을 수 없다. 하나님은 내 필요들을 어떻게 채워주시고 돌보시는지 여러 차례 경이롭게 드러내 보여주셨고, 그 때문에 내 마음은 놀라운 감사로 가득 차 있다.

나는 그가 말한 '놀라운 감사'라는 표현을 좋아한다. 그 말은 모든 크리스천들의 간증이 되어야 한다. 그가 쓴 찬송가는 우리가 이야기하고 있는 주제를 기초로 하고 있다. 우리들 대부분은 그 가

사를 외울 수 있을 만큼 잘 알고 있다. 그는 그 찬송가를 단순히 '오 신실하신 주'라고 불렀다.[1]

그런데 우리가 그 찬송가를 사용하는 방법에는 모순이 있다. 우리는 하나님의 은혜를 경험할 때 그 찬송가를 부른다. 예를 들어 결혼할 때, 졸업할 때 그리고 하나님이 어떻게 하루하루 우리를 인도하셨는지를 확인하면서 한 해를 돌아볼 때 그 찬송가를 부른다. 그러나 하나님의 백성들을 격려해주는 그 찬송가는 이스라엘 백성들이 가장 침울했던 순간에 기록한 성경 본문을 근간으로 하고 있다. 애가라는 말의 뜻을 알고 있다면 예레미야애가가 어떤 책인지 알 수 있을 것이다. 그 책은 예레미야가 파괴된 예루살렘 성의 잿더미 한가운데 앉아 구슬픈 마음으로 썼다. 그는 어둡고 성난 표현을 했다. 그의 어조에는 완전한 절망감이 베어 있다. 책 전체에서 희망이나 빛 같은 것은 찾아보기 힘들다.

그러나 예레미야애가 3장에 이르면 어둠을 뚫고 들어오는 빛을 볼 수 있다. 밑바닥까지 내려갔던 예레미야는 위를 바라보며 하나님의 얼굴을 찾게 된 것처럼 보인다. 그는 이렇게 말했다. "여호와의 자비와 긍휼이 무궁하시므로 우리가 진멸되지 아니함이니이다 이것이 아침마다 새로우니 주의 성실이 크도소이다" 애 3:22-23. 오늘날 우리는 자존감을 회복하고 우리 안에 있는 '내적인 챔피언Inner Champion'을 드러나게 하며 삶의 진정한 자유를 획득하는 것 등에 관

---

1. 케네스 오스벡(Kenneth W. Osbeck), 「101곡 찬송이야기(101 Hymn Stories, Grand Rapids: Kregel Publications, 1982)」, pp. 84-85.

한 노하우와 조언들을 많이 들을 수 있다. 그러나 그러한 세상적인 방식들은 어떤 진리가 들어 있건 간에(어느 정도의 진리가 분명히 포함되어 있을 것이다) 결국 실패하게 된다. 왜냐하면 그런 방식들은 '모든 문제에 대한 해답이 우리 안에 있으며, 우리가 우리의 자연적인 능력을 발휘하기만 한다면 정상에 올라 모든 적을 물리칠 수 있다'는 공통적인 주장을 하고 있기 때문이다. 체중을 줄인다거나 불어를 배운다거나 하는 일에서는 아마 그런 방식이 적용될 수 있을 것이다. 그러나 국가가 침략을 당하고 주변에 있던 모든 것들이 무너져 폐허가 되는 등의 큰 재난 앞에서는 별 의미가 없을 것이다. 살아가면서 정말로 중요한 문제들에 부딪힐 때 우리는 우리가 가진 힘만으로는 충분하지 않다는 사실을 결국 인정하게 된다. 우리는 우리에게 닥친 시련들을 극복할 수 있을 만큼 그렇게 지혜롭지도 못하고, 그렇게 강하지도 못하며, 그렇게 설득력이 있지도 않다. 우리에게는 외부로부터 지원되는 힘이 필요하다. 우리에게는 하나님으로부터 오는 대답이 필요하다. 예레미야는 21세기를 살고 있는 우리에게 오래되었지만 강력한 해답을 준다. 모든 것을 잃어버렸을 때 선지자는 하나님 안에서 힘을 얻었다.

실패에 대처하는 크리스천의 자세

이 말은 우리 모두에게 받아들이기 힘든 말이다. 결혼식장에서

'오 신실하신 주'를 노래하는 것과 남편이 다른 여자와 살기 위해 집을 나가겠다고 말할 때 그 찬송을 부르는 것이 어떻게 같을 수 있겠는가. 우리 자녀들이 고등학교를 졸업할 때 우리는 모두 쉽게 이 찬송을 부를 수 있다. 그러나 자녀가 음주 운전 차량에 치어 사망했을 때 이 찬송을 부르기는 쉽지 않다. 수술이 성공적으로 끝났을 때 우리는 기쁘게 이 찬송을 부를 수 있다. 그러나 암 치료에 실패하여 우리가 사랑하는 사람을 땅에 묻어야 할 때에도 이 찬송을 쉽게 부를 수 있겠는가?

예레미야애가에 나오는 이 두 구절은 인생의 신비에 대한 대답이 아니다. 그 구절은 우리에게 정치나 경제, 주변 환경에 대해 말해주지 않는다. 그리고 그 구절 속에서 심오한 신학적인 진술을 찾을 수 있는 것도 아니다. 대신 그 구절은 하나님에 관해 말해주고 있다. 절망 속에서 하나님이 우리의 소망이 되신다는 사실을 선포하고 있다. 하나님은 모든 것이 어두울 때 그 어둠을 밝히는 우리의 빛이시다. 길을 찾을 수 없을 때 우리를 인도하는 길이시다. 그리고 포기하고 싶을 때 살아야 할 근거가 되어주신다.

예레미야애가 3장 22-23절은 네 부분으로 되어 있다. 각 부분은 우리가 제기해야 할 중요한 질문과 함께 그 질문에 대한 해답을 주고 있다.

질문 1: 하나님은 왜 우리를 진멸하지 않으시는가?

이 질문은 이론적인 문제가 아니다. 우리 모두는 우리가 생각하는 것보다 훨씬 더 위태로운 길을 걷고 있다. 형통과 진멸, 기쁨과 슬픔, 웃음과 울음, 삶과 죽음에는 백짓장 한 장 정도의 차이가 있을 뿐이다.

> 바로 앞에서 달리던 차가 전복될 수 있다.
> 머리의 약 7-8센티미터 위로 총탄이 지나갈 수 있다.
> 말이 비틀거리며 쓰러질 수 있다.
> 작은 스위치 고장으로 비행기가 추락할 수 있다.
> 트럭이 갑자기 탈선할 수 있다.
> 브레이크 제동이 걸리지 않을 수 있다.
> 떠돌아다니던 병균이 우리 몸에 들어올 수 있다.
> 천둥 번개가 치면서 일순간에 우리가 감전될 수 있다.

우주의 신비를 누가 이해할 수 있겠는가? 오늘 어떤 사람은 죽는데 당신은 살아 있는 이유가 무엇인가? 우리는 수많은 장례식장을 찾아가는데 우리 장례식장에는 아직… 아무도 찾아오지 않은 이유는 무엇인가?

예레미야의 대답을 들어보라. "여호와의 자비와 긍휼이 무궁하시므로" 애 3:22.

하나님은 왜 우리를 진멸하지 않으시는가? 하나님이시기 때문에 그렇게 하실 수 있고, 우리가 죄인들이기 때문에 그렇게 하셔야 한다.

그런데 왜 그렇게 하지 않으시는 것인가? 그 이유는 '하나님의 크신 사랑' 때문이다. '사랑'에 해당하는 히브리어 단어는 '풍성한'이라는 의미를 지니고 있는 '헤세드hesed'다. 그 말 안에는 감정에 따라 좌우되지 않고 의지에 따라 행동하며 그냥 간과하지 않는 사랑, 즉 '충성스러운 사랑'이라는 개념이 들어 있다. 하나님은 우리를 사랑하겠다고 약속하신다. 하나님의 약속을 깰 수 있는 것은 아무것도 없다. 따라서 나는 이렇게 말할 수 있다. 나쁜 일이 있을 때 그것이 하나님을 위한 것이 아니라면 훨씬 더 나빠질 것이다. 뻔한 말처럼 들릴 것이다. 그리고 아마 실제로도 그럴 것이다. 그러나 우리는 그 말을 다시 되새겨보아야 한다. 하나님과 그분의 사랑을 위한 것이 아니라면, 지금 당장 당신의 삶 속에서 얼마나 나쁜 일들이 일어나고 있는지에 상관 없이 그 일들은 훨씬 더 악화될 것이다.

우리는 이 사실을 자주 망각하는 편이다. 우리 가운데 많은 사람들이 "나는 그것을 받을 만하다. 내가 그것을 획득했다"라고 주장한다. 기도하면서도 우리는 '나는 착하게 살았다. 그러므로 하나님이 나를 위해 이렇게 해주셔야 한다'고 생각한다. 우리는 하나님의 은혜에 대해 정말 잘 모르고 있다.

하나님께 전적으로 의지하는 법을 배운다

제임스 밴 톨런James Van Tholen은 1996년에 뉴욕 로체스터에 있는 기독교 개혁 교회의 목사가 되었다. 2년 후 그는 암 진단을 받았다. 의사들은 이미 암 세포가 그의 온 몸에 퍼져 치료가 불가능하고 오래 살 수 없을 것이라고 말했다.

그럴 때 교인들에게 무슨 말을 할 수 있겠는가? 방사선 치료를 받기 위해 시간을 낸 다음 제임스는 다시 교회로 돌아가 '죽음에 놀란 [Surprised by Death, 1999년 5월 24일 〈크리스채니티 투데이(Christianity Today)〉]' 이라는 제목의 설교를 했다. 그는 살아오면서 처음으로 하나님의 은혜를 이해하기 시작한 것처럼 느껴졌다고 말했다. 죽음 자체가 두렵지는 않았지만 33살의 나이에 40, 50, 60, 70세가 될 때까지 살 수 없게 되었다는 사실을 인식하게 되었다. 그는 아마 몇 주 또는 길어야 몇 개월 정도 살게 될 것이다. 그러나 하나님의 기적이 일어나지 않고서는 그 이상을 기대할 수 없었다. 그는 지금껏 살아오면서 자신이 노인이 될 때까지 살 것이라고 당연하게 받아들였었다. 그것은 자신을 개선하고, 나쁜 습관들을 버리고, 깨진 관계들을 회복하고, 은혜 안에서 성장할 수 있는 시간이 많이 남아 있음을 뜻하는 것이었다. 그런데 이제 처음으로 그런 일들을 할 수 있는 시간이 충분하지 않다는 사실을 깨닫게 되었다. 자신이 원하는 수준에 미치지 못하는 모습으로 – 고치지 못한 습관과 회복되지 못한 관계와 영적으로 성숙하지 못한 모습을 가지고 – 영원한 세계 속으로 들어서게 될 것이다.

그리고 그가 하나님의 은혜를 전적으로 의지해야 한다는 사실을 깨달은 것도 – 그저 이론적으로가 아니라 실제적으로 그리고 전적으로 – 바로 그때였다. 그는 자신을 개선할 수 있는 충분한 시간이 없었기 때문에 하나님이 충분한 은혜를 주시지 않는다면 곤경에 처할 수밖에 없었다. 로마서 5장 6-8절은 그에게 매우 소중한 구절이 되었다. 왜냐하면 우리가 '아직' 죄인일 때 그리스도께서 우리를 위해 돌아가셨다고 말하고 있기 때문이다. 그 짤막한 '아직' 이라는 단어에 우리의 구원이 걸려 있다. 우리는 오래전부터 죄인이었을 뿐 아니라 구원받은 후에도 우리는 여전히 하나님의 은혜가 절실하게 필요한 죄인이다.

그는 또 자신이 죽은 후 결국은 잊혀지게 되리라는 사실을 깨달았다. 모든 사람들에게 완전하게, 즉각적으로 잊혀지지 않는다고 할지라도 모두 그가 없는 삶을 계속 이어갈 것이다. 친구들은 5, 10, 20년에 한 번씩 동창회에서 모이겠지만 그는 그 가운데 없을 것이다. 그리고 친구들이 혹 자신에 대해 이야기한다 해도 그저 간단하게 또는 지나가는 말로 잠시 언급할 것이다. 교회에는 다른 목사가 오게 될 것이다. 우리는 '들에 핀 꽃과 같다'고 그는 말했다. 우리는 잠시 피었다가 바람이 불면 자취를 감추는 꽃들처럼 사라진다. 시편은 "바람이 지나면 없어지나니 그곳이 다시 알지 못하거니와" 시 103:16 라고 말하고 있다.

최근에 공동 묘지를 지나게 되었다. 부분적으로는 직업적인 이유 때문이었다. 목사인 나는 입관 예배 요청을 자주 받는다. 그리고 입관 예배 후 시간이 조금 나면 나는 줄지어 서 있는 묘비 사이를 걸어다니며 다양한 비문들을 읽는다. 내가 살고 있는 곳에서 그리 멀지 않은 곳에 수많은 명사들이 잠들어 있는 공동 묘지가 있다. 위대한 전도자 빌리 선데이 Billy Sunday 도 그곳에 묻혀 있고, 남북전쟁에서 싸웠던 장군도 그곳에 묻혀 있다. 어니스트 헤밍웨이 Ernest

Hemingway의 부모도 그곳에 묻혀 있다. 헤이마켓Hay Market 폭동을 일으켰던 사람들을 기리는 거대한 기념비도 세워져 있다. 그리고 이 땅에서 유명세를 탄 적이 한 번도 없는 평범한 사람들의 무덤들도 많이 있다. 비석에는 '믿음직스러웠던 아버지,' '사랑하는 어머니,' '그리스도 안에서 잠든,' '결코 잊지 못할' 등의 비문들이 새겨져 있다. 그러나 그곳에 누가 묻혀 있는지 알 수 없을 만큼 오래된 무덤들도 있다. 그것이 바로 제임스 밴 톨런 목사가 지적한 것이다. 우리의 유산 속에서 삶의 의미와 중요성을 찾으려 한다면 우리는 잘못된 곳에서 찾고 있는 것이다. 우리는 언젠가 죽는다. 그리고 아마 누군가 우리가 타던 차를 몰게 될 것이다. 그리고 우리가 입었던 옷을 누군가가 입게 될 수도 있다.

죽음 앞에서 크리스천들이 가질 수 있는 소망의 근거는 무엇인가? 우리의 소망은 우리가 죄인일 때 하나님의 은혜가 우리에게 미쳐서 우리를 구원하고, 우리가 실패를 거듭할 때에도 우리를 지키며, 우리가 죽었을 때 우리를 천국까지 인도해간다는 사실에 의거한다. 그 사실이 기독교 복음의 핵심이다.

하나님이 베푸시는 은혜의 본질을 이해한다

최근에 TV 채널을 돌리다가 우연히 시스팬C-SPAN에 출연한 노스 다코다에 사는 한 상냥한 고등학교 교사 이야기를 듣게 되었다. 그것은 내가 들어본 가장 어리석은 이야기였다. 종교를 옹호하려는 시도로써 그 교사는 모든 종교는 남에게 대접을 받고자 하는 만큼 남을 대접하라는 황금률로 요약될 수 있다고 말했다. 듣기 좋은 말이다. 그러나 정말 그런가? 그 황금률 뒤에는 하나님이 우리를 대하시는 것처럼 우리도 다른 사람들을 대해야 한다는 그보다 더 큰 진리가 자리잡고 있다. 모든 것은 우리가 아니라 하나님으로부터 시작된다. 하나님은 우리가 은혜를 받을 만한 자격이 없을 때에도 우리에게 먼저 은혜를 베푸셨다. 따라서 우리도 다른 사람들에게 먼저 은혜를 베풀어야 한다.

여러 가지 면에서 하나님의 은혜는 가장 믿기 힘든 교리다. 교회에서조차 그 교리를 쉽게 받아들이기란 쉽지 않다. 어느 날 C. S. 루이스C. S. Lewis는 우연히 기독교와 다른 종교의 가장 큰 차이점에 대해 논의하고 있는 사람들 옆을 지나가게 되었다. 그는 망설임 없이 "물론 은혜죠"라고 대답했다. 물론 그의 대답은 맞는 말이었다.

앞에서 말했듯이 나는 내가 쓴 책에서 간암으로 세상을 떠난 미키 맨틀의 이야기를 소개했다. 라디오 인터뷰를 하면서 그 이야기에 대한 질문을 받았을 때 나는 미키가 숨을 거두기 직전에 그를 병문안했던 바비 리차드슨Bobby Richardson 부부 이야기를 했다. 미키는 바비 부부에게 그리스도를 믿는 자신의 믿음을 분명하게 이야기했고, 그 믿음의 근거로 요한복음 3장 16절을 인용했다. 나는 미키 맨틀이 천국에 있을 것이라 생각하는데 그 이유는 그가 세운 야구 공적이나 그가 한 자선 사업 때문이 아니라 죽기 전에 예수 그리스도를 믿었기 때문이라고 덧붙였다.

이와 관련해 나는 "그러니까 생애 마지막 순간에 구원을 받을 수 있다고 믿으시는 것입니까?"라는 질문을 받았다. 나의 대답은 간단명료했다.

"물론입니다. 십자가에 달려 있던 강도를 보십시오."

그러자 인터뷰를 하던 사람이 내가 대답할 수 없는 질문을 던졌다. "제프리 다머 Jeffrey Dahmer 는 어떻습니까?" 그는 잔혹한 살인과 성폭력, 인육을 먹는 만행을 서슴지 않았던 희대의 살인마로, 언론 보도에 의하면 감옥에서 죽기 전에 그리스도를 영접했다고 한다. 그도 구원받을 수 있는 것인가? 나는 이렇게 대답했다. "어떤 사람들은 너무 악독해서 하나님의 은혜 밖에 있을 것이라고 생각하고, 우리는 그렇게 믿고 싶어합니다. 즉, 하나님은 완벽함에 다소 못 미치는 적당히 나쁜 사람들은 구원해주시지만, 정말로 악독한 사람들은 당장 지옥으로 보내신다고 생각합니다. 제프리 다머의 영혼에 대해서는 제가 알 수 없습니다. 하나님만이 아실 것입니다. 그러나 분명히 말할 수 있는 것은 전적인 은혜가 아니라면 그것은 결코 은혜가 아니라는 것입니다. 그 중간은 있을 수 없습니다."

구원을 원하는가? 아니면 공의를 원하는가? 공의를 원한다면 공의를 받게 될 것이다. 그러나 공의를 원했던 것을 유감스럽게 생각하게 될 것이다. 구원을 원한다면 구원을 받게 될 것이다. 구원을 받을 때 우리가 기억해야 할 것은 당신은 하나님의 구원을 받을 자격이 없다는 사실이다. 하지만 그것이 가능한 이유는 우리의 삶 자체가 하나님으로부터 온 선물이기 때문이다.

질문 2: 하나님의 사랑이 계속되리라는 것을 어떻게 알 수 있는가?

'여호와의 자비와 긍휼이 무궁' 애 3:22 하기 때문이다. 이 간단한 구절에서 가장 좋은 부분은 '긍휼'이라는 단어다. '긍휼'은 영어로 표기할 때 단수형이 아니라 복수형이다. 그래서 이 구절을 컴퓨터에 입력하면 오자로 인식되어 '긍휼'에 빨간색 밑줄이 그어진다. 즉, 맞춤법에 맞지 않는다는 표시다. 그래서 나는 그 단어를 내 컴퓨터 사전에 추가시켰다. 하나님의 긍휼은 복수형이다. 그 긍휼은 하늘로부터 굽이쳐 내려온다. 야고보서 4장 6절은 '더욱 큰 은혜를 주시나니'라고 말하고 있고, 요한복음 1장 16절을 '은혜 위에 은혜러라'라고 말하고 있다.

우리 가운데 대다수가 잘 발달된 권리 의식을 가지고 있다고 앞에서 말한 바 있다. 그 때문에 우리는 우리가 받은 축복에 대해 감사하는 마음을 잃었다. 특히 우리가 매일 받고 있는 간단한 축복들에 대해 특히 더 그렇다. 인색하고 심술궂은 구두쇠 앤디 루니Andy Rooney는 "살아가는 동안 좋은 일은 거의 일어나지 않는다"라고 말했다. 그는 더 나아가 아내와 함께하는 티 타임, 또는 가족이나 친구들과 함께 먹는 저녁 식사 등과 같은 일상 속에서 행복을 찾지 못한다면 당신은 아마도 그리 행복하지 않을 것이라고 말했다. 큰 거래가 성사되는 꿈을 꾸거나, 평생 사랑할 사람으로부터 전화가 걸려오기를 바라거나, 뉴욕 양키스 야구단이 당신을 그들의 투수로 기용해주기를 기대하는 등 당신에게 현실 불가능한 일이 일어나기를 기다리고 있다면, 그런 상태로 일생의 대부분을 보내게 될 것이다.

태양은 내일도 떠오를 것이다. 그러나 그 태양을 당신은 보지 못하게 될 것이다. 친구가 인사를 할 것이다. 그러나 그것도 중요하지 않게 될 것이다. 아이들이 깔깔대며 웃을 것이다. 그러나 당신은 웃지 않을 것이다. 장미가 피고, 흰 눈이 앞마당에 쌓이고, 남편이 등을 긁어주겠다고 하고, 성가대가 당신이 가장 좋아하는 찬송가를 부를 것이다. 그러나 당신은 미래의 큰 꿈에만 집착한 나머지 일상적인 행복을 다 놓칠 수 있다.

우리는 이미 많은 축복을 누리고 있다. 그러나 하나님이 우리를 위해 하신 일들은 쉽게 잊어버릴 수 있다. 얼마 전 한 쌍의 젊은 부부가 나를 만나러 왔다. 나는 그들을 몰랐고 그들의 문제에 대해서는 더더욱 아는 바가 없었다. 그러나 이야기를 나누면서 그들의 문제가 드러나기 시작했다. 그것이 문제인 것은 확실했지만, 얼마간의 인내와 은혜로 풀 수 있는 문제였다. 내가 남편을 바라보았을 때 그의 표정은 '난 전혀 행복하지 않습니다' 라고 말하듯이 일그러져 있었다. 그래서 "어떻게 생각하세요?"라고 물었다. 그는 "좋아 보입니다"라고 말했다. 하지만 사실은 "전혀 좋아 보이지 않습니다"라는 뜻이었다.

그래서 좀 더 이야기를 나누었다. 그들의 결혼 생활은 그리 순탄치 않았고 그는 별로 행복하지 않았다. 게다가 그는 암에 걸렸다가 회복된 병력이 있었다. 나는 자리에서 벌떡 일어나 내 책상 너머에 앉아 있는 두 사람을 바라보았다. 그리고 목소리를 높이면서 남편에게 "나는 매일 병들어 죽어가는 사람들과 이야기해요. 나는 해마다 암으로 세상을 떠난 사람들의 장례를 치러주어야 해요. 당신에게는 사랑스런 아내가 있고 착하고 예쁜 아이들이 있고 좋은 가정이 있어요. 또 전도유망한 좋은 직장에서 일하고 있어요. 그리고 암도 치료를 받고 나았어요. 당신은 운이 좋은 사람들이에요. 그런데 지금 결혼 생활이 완벽하지 않기 때문에 불행하다고요? 당신은 매일 아침 무릎을 꿇고 당신이 누리고 있는 모든 축복을 하나님께 감사드려야 합니다. 하나님은 당신에게 매우 선한 방식으로 역사하셨어요. 절대로 다시는 불평해서는 안 됩니다"라고 말했다.

그는 겸언쩍은 미소를 지으며 내 말에 동의했다. 우리는 이미 많은 복을 누리고 있다. 하나님이 우리를 위해 하신 일들을 보기 위해 우리가 눈을 뜨기만 하면, 하나님은 무궁한 긍휼을 내려주신다.

질문 3: 하나님은 내게 필요한 것을 언제 주시는가?

'아침마다 새로우니' 애 3:23 . 이는 염려하는 성도들에게 희망이 되는 말이다. 하나님의 자비는 매일 아침 새롭다. 시내 광야를 지났던 이스라엘 백성들의 경험은 이 원리를 잘 보여준다. 출애굽기 16장에 그 이야기가 기록되어 있다. 이스라엘 백성들은 홍해를 건넌 직후였다. 놀라운 기적이 일어난 후 그들은 불평하기 시작했다. 그들은 광야 한가운데에서 모세와 아론에게 "너희가 이 광야로 우리를 인도하여 내어 이 온 회중으로 주려 죽게 하는도다" 3절 라고 말했다. 그래서 모세는 하나님께 나아가 "하나님, 하나님의 백성들이 말썽을 일으키고 있습니다"라고 말했다. 하나님은 "네게 문제가 생겼다고 생각하느냐? 그것은 네 문제가 아니라 내 문제니라. 내가 그들에게 먹을 것을 줄 것이니 그들을 준비시켜라"고 말씀하셨다. 그리고 이스라엘 백성들에게 만나와 메추라기를 보내주셨다. 메추라기는 저녁에 땅 위로 낮게 날아왔다. 그리고 다음 날 아침에는 땅 위에 내린 이슬이 걷히면서 꿀 묻은 과자 맛이 나는 만나를 거둘 수 있었다.

하나님의 지시는 매우 구체적이었다. "나가서 너와 네 가족을 위해 필요한 만큼 거두라. 그러나 필요 이상으로 많이 거두지 말라." 그 이유는 필요 이상으로 많이 거두게 되면 벌레가 생기고 냄새가 날 것이기 때문이었다. 하나님은 또 "안식일 전날에는 이틀 먹을 양을 거둘 수 있다. 그러나 그 이상은 안 된다. 그 이상의 만나를 쌓아두면 만나에 벌레가 생기고 냄새가 나게 될 것이다"라고 말씀하셨다. 내가 그들과 함께 그 시대에 살았다면 그 첫 주에 세 아들과 함께 수레를 끌고 나가서 만나를 거두어들이게 할 것이다. 그러고나서 "침대 밑에 좀 넣어 두도록 하자. 내일도 거둘 수 있으리라고는 아무도 장담할 수가 없어"라고 말했을 것이다. 그러나 안전하게 확보해두려고 했다면 몇 주 동안 벌레가 생기고 냄새도 나는 만나와 함께 살아야 했을 것이다. 하나님은 그분의 백성들에게 하나님을 매일 신뢰하는 법을 가르치시기 위해 날마다 만나를 내려주셨다.

다음을 잘 생각해보라.

- 우리는 어제 받은 복으로 살아가는 것이 아니다. 복은 아침마다 새롭다.
- 하나님이 주시는 복은 결코 이르게 오지도 늦게 오지도 않는다. 그 복은 아침마다 새롭다.

오늘 내리는 자비는 오늘의 짐을 지기 위한 것이다. 내일은 내일 해결해야 할 문제를 위한 자비가 내릴 것이다. 나는 윈스턴 처칠이 영국 수상으로 있는 동안 그에게 닥친 개인적인 문제들을 어떻게 생각했는지에 관한 글을 읽은 적이 있다. 처칠을 위로하고 싶었던 그의 아내는 그에게 닥친 문제들이 실제로는 위장된 축복이라고 말했다. 그러자 그는 "그렇다면 위장을 아주 잘 한 것 같소"라고 대답했다. 자신에게 닥친 문제들에 대해 많은 사람들이 그렇게 느낄 수 있다. 우리는 문제만을 보고 있다. 그러나 복은 어디에 있는 것인가?

우리는 종종 앞으로 무슨 일이 일어날 것인지를 궁금해한다. 우리의 건강을 잃게 되는 것은 아닌가? 아니면 심장 마비가 일어나거나 갑자기 뇌졸중으로 쓰러지는 것은 아닌가? 결국은 양로원에서 노년을 보내게 되거나 병원에서 헛된 시간을 보내게 되는 것은 아닌가? 우리 아이들은 어떻게 될 것인가? 주님을 섬길 것인가? 그들에게 무슨 일이 생긴다면 어떻게 되는 것인가? 나이든 우리를 누가 돌봐줄 것인가? 독신들의 경우 결혼을 하게 될 것인지를 알고 싶을 것이다. 그리고 결혼한 사람들은 이혼한 사람들을 바라보며 자신

제4장 _ 실패한 사람들의 네 가지 질문과 하나님의 해답 | 97

들은 그렇게 되지 않을 수 있을지 생각한다. 우리는 앞으로 어떤 일을 해야 할지를 고민하고, 10년 후에 어떤 자리에 서 있게 될 것인지를 궁금해한다. 나는 어제 오래된 친구로부터 이메일을 받았다. 그는 진로를 바꾸어야 할 상황에 직면해 있었다. 그는 자신의 장래가 너무 불안해 보인다며 기도해달라고 부탁했다. 이때 딱 맞는 교훈을 제공하는 구절이 예레미야애가 3장 23절이다. 하나님의 자비는 하루하루 주어진다. 그 자비는 우리에게 필요할 때 우리에게 온다. 결코 이르게 오지도 않고 늦게 오지도 않는다. 하나님은 오늘 우리에게 필요한 것들만 오늘 우리에게 주신다. 만약 우리에게 더 필요한 것이 있다면 더 주실 것이다. 다른 것이 필요하다면 그것도 주실 것이다. 우리에게 정말 필요한 것은 그 어떤 것도 우리로부터 차단시키지 못할 것이다. 문제를 살펴보라. 그 문제 속에서 잘 위장된 하나님의 자비를 발견하게 될 것이다.

질문 4: 장래에 대한 나의 소망은 무엇인가?

"주의 성실이 크도소이다" 애 3:23. 토마스 오바댜 치솔름은 이 구절을 토대로 시를 썼고, 이 시에 곡조가 붙여져 전 세계인의 사랑을 받는 찬송가로 탄생되었다. 이 사실에 초점을 맞출 수 있는 간단한 방법이 있다. 우리의 변덕이 크도소이다… 주의 성실이 크도소이다.

우리는 지칠 수 있다. 그러나 우리 하나님은 그러실 수 없다.
우리는 포기할 수 있다. 그러나 우리 하나님은 그러실 수 없다.

우리는 흔들릴 수 있다. 그러나 우리 하나님은 그러실 수 없다.
우리는 주저할 수 있다. 그러나 우리 하나님은 그러실 수 없다.
우리가 우리를 실망시킬 수 있다. 그러나 우리 하나님은 그러실 수 없다.
우리는 수천 번 실패할 수 있다. 그러나 우리 하나님은 한 번도 실패하실 수 없다.

하나님의 성실하심은 우리가 마지막 벽에 부딪힐 때 하나님이 그곳에 계시며 우리를 이땅에서 하늘로 움직이신다는 확신을 갖게 한다. 그만큼 주의 성실하심은 큰 것이다. 캐리 엔스트롬Carrie Enstrome은 그녀의 아버지가 89세로 세상을 떠나기 직전에 쓴 편지 한 장을 복사해서 내게 주었다. 그는 자신이 폐암으로 세상을 떠나게 될 것을 알고 그의 손자와 손부에게 그리스도를 믿는 자신의 신앙에 대해 썼다. 캐리의 허락을 받아 그가 쓴 편지의 일부를 소개한다.

사랑하는 제프Jeff와 베카Becka에게.
지금 나는 옆집 사람을 통해 벼룩 시장에서 구입한 이동식 전자 타자기를 사용할 수 있게 되기를 바라고 있단다. 그것을 가지고 장난을 치면서 자료도 찾고 좋은 문장을 만들어가면서 재미있게 읽을 수 있는 무언가를 쓰고 싶단다. 아직 타자기의 상태가 좋은 편이긴 하지만 새 잉크 리본으로 갈아 끼워야 할 때가 된 것 같구나. 그 때까지는 모두 대문자만 사용해야 할 것 같구나.
움직이려고 하면 숨을 쉬기가 좀 힘들긴 하지만 기분은 괜찮다. 가

만히 앉아서 얌전하게 있기만 하면 아무 고통도 느껴지지 않는단다. 지난날을 돌아보면, 하나님이 우리 앞에 이런 날이 오리라는 것을 아시고 우리를 미리 준비시키셨다는 생각이 드는구나. 특정한 결정들을 내리고, 특정한 일들을 하고, 특정한 행동들을 하도록 우리를 어떻게 인도해오셨는지를 보면서 하나님께 깊이 감사하고 있단다. 하나님은 지금까지 내게 매일매일 하나님의 사랑을 공급해주시고 그 사랑의 신선한 맛을 보게 하셨단다.

너희 아버지를 통해 너희들이 모든 일들을 잘 해나가고 있다고, 또 봄에는 새 집을 짓기 시작할 계획이라는 소식을 들었단다. 우리도 너희처럼 기쁘구나. 그리고 또한 너희가 새로 짓게 될 집에 대해서도 기대하고 있단다. 그 집은 빚도 없이 대금 지불이 다 끝났다. 또 너희의 영원한 집이 될 것이기 때문에 살면서 그 어떤 수리 비용도 들지 않게 될 거란다. 예수님이 이땅에 사시는 동안 제자들에게 "내가 너희를 위하여 처소를 예비하러 가노니… 나 있는 곳에 너희도 있게 하리라"고 말씀하셨단다. 나는 거의 평생 동안 예수님을 나의 구주로 믿고 신뢰해왔단다. 모든 일이 평탄하게 잘 이루어질 때 주님과 함께 기뻐할 수 있었고, 어두운 계곡에서 그리고 거칠고 험한 길에서 나와 함께 하시며 나를 도우시는 주님을 확신하고 경험할 수 있었단다.

기쁘고 즐거운 생일이 되길 바란다. 우리는 너희를 깊이 사랑한단다. 기도하면서 너희를 기억하고 싶구나.

사랑하는 할아버지가.

이 편지를 쓰고 얼마 지나지 않아 캐리의 아버지는 천국의 예비

된 집으로 갔다. 나는 특히 "지금까지 하나님은 매일 하나님의 사랑을 공급해주시며 그 사랑의 신선한 맛을 보게 하셨단다"라고 한 그의 말에 깊이 감동했다. 그 말을 묵상해보라. 매일 우리는 하나님의 사랑을 경험한다. 그리고 이 세상을 떠날 때 우리는 천국에 있는 집으로 가게 될 것이다.

당신도 그렇게 말할 수 있는가? 그 사실을 알고 있는가? 개인적으로 그런 경험을 했는가? 결국 죽음을 맞이하고 임종 예배를 드리게 되는 날, 목사가 당신에 대해 회고하는 가운데 당신이 생전에 예수 그리스도를 알았던 사람이었다는 사실이 모든 사람들에게 분명하게 알려지게 될 것인가? 아니면 당신은 그 외의 다른 일을 위해 살았던 사람이라는 말을 듣게 될 것인가? 이것이 장래에 대한 우리의 소망이다. 우리 하나님은 신실한 분이시다. 우리는 내일을 위해 그리고 영원을 위해 주님을 신뢰할 수 있다.

결론 : 하나님은 실패한 사람들에게 신실하시다

네 가지 질문과 그 질문에 대한 하나님의 대답을 다시 복습해보자.

1. 하나님은 왜 우리를 진멸하지 않으시는가?

"우리가 진멸되지 않는 것은 여호와의 자비가 무궁하기 때문이다."

2. 하나님이 나를 계속 사랑하시리라는 것을 어떻게 알 수 있는가?
"하나님의 긍휼이 무궁하기 때문이다."

3. 하나님은 내게 필요한 것을 언제 주시는가?
"아침마다 새롭게 주신다."

4. 장래에 대한 나의 소망은 무엇인가?
"중요한 것은 당신의 신실함이다."

C. S. 루이스가 한 말을 한 번 더 언급하고 싶다. 그는 "하나님 외에 다른 많은 것들을 가졌다 할지라도 하나님만 바라보는 사람보다 더 나을 것이 없다"라고 말했다. 대부분의 사람들은 많은 것을 가지고 있다. 당신에게도 돈과 안락한 집, 친구, 가족이 있을 것이다. 그러나 당신의 삶 속에 하나님이 계시는가? 그렇다면 다른 많은 것들은 그리 중요한 것이 아니다. 당신의 삶 속에 하나님이 계시고 당신이 예수 그리스도를 알고 있다면 그것으로 충분하다. 왜냐하면 우리 하나님은 신실하신 분이기 때문이다.

제5장
병든 사람들에게 일어나는 치유와 용서

"너희 중에 병든 자가 있느냐 저는 교회의 장로들을 청할 것이요 그들은 주의 이름으로 기름을 바르며 위하여 기도할지니라 믿음의 기도는 병든 자를 구원하리니 주께서 저를 일으키시리라 혹시 죄를 범하였을지라도 사하심을 얻으리라" (약 5:14-15).

병든 사람들을 위한 기도는 우리 모두가 가장 자주 요청받는 기도 제목이다. 또한 모든 목사들의 매주 기도 제목이기도 하다. 그 사실 자체만으로도 이 주제는 중요하다. 특히 4년 동안 신학교에 다니면서 헬라어, 히브리어, 성경 주해, 해석학, 신학, 교회 역사에 대해서는 많이 공부하지만, 이 주제에 대해서는 한 시간도 채 배우지 않는다는 점을 감안해볼 때 더욱 그렇다.

이 주제에 대한 나의 관심은 내가 의사 집안에서 자라났다는 성장 배경으로부터 시작된다. 우리 아버지는 외과 의사셨고, 어머니는 간호 장교셨다(두 분은 2차 세계 대전 당시 아버지가 군의관으로 복무하시면서 만났다). 우리 삼촌도 외과 의사였고, 나의 세 형제들도 모두 의사다. 그리고 두 조카도 의사다. 우리 족보의 각 가지마다 의사들이 걸려 있다. 내게 아픈 사람들을 위한 기도라는 주제가 매우 매력적으로 인식되는 것도 부분적으로는 아마 이러한 영향 때문일 것이다.

의술과 기도는 어떤 점에서 서로에게 영향을 미치는가? 치유를 위해 그 둘은 어떻게 서로 협력해야 하는가?

우리가 여기서 던지는 질문의 의도가 아닌 것들을 살펴보자.

- "하나님이 기도에 응답하시는가?"라는 질문이 아니다. 이 질문에 대한 대답은 "그렇다"이다.
- "하나님이 병든 사람들을 위한 기도에 응답하시는가?"라는 질문이 아니다. 이 질문에 대한 대답은 "그렇다"이다.
- "하나님은 때때로 기적과 같은 방식으로 응답하시는가?"라는 질문이 아니다. 이 질문에 대한 대답도 "그렇다"이다. 나는 이런 내용들이 사실이라고 규정할 수 있음을 기쁘게 생각한다.

더 나아가 "하나님이 무엇을 하실 수 있는가?"라는 질문 역시 우리가 던지고자 하는 질문의 핵심은 아니다. 우리는 하나님이 하고자 하시는 일은 무엇이든지 다 하실 수 있다는 것을 알고 있다. 하나님 앞에 불가능한 일이란 없다. 이 장에서 우리가 초점을 맞추어야 할 핵심은 교회가 할 수 있는 일이다. 야고보서 5장 13-16절은 우리에게 성경을 믿는 교회가 병든 사람들을 어떻게 대해야 하는지를 말해주고 있다. 아픈 사람들을 위해 우리는 어떻게 해야 하는가? 그 대답은 간단하고 심오하다. 교회는 하나님이 병든 사람들을 치유하시도록 그들을 위해 기도해야 한다. 그리고 아픈 사람들을 위한 이 기도의 사역이 하나님의 신실하심을 이해하는 데 있어서 없어서는 안 될 결정적인 부분이다.

교회가 병을 앓고 있는 사람들을 위해 기도해야 한다고 말하는 것은 성경 본문의 의미에 충실해야 한다는 것을 의미한다. 그러나 그 말은 또 몇 가지 중요한 질문들을 제기한다. 그러므로 올바른 관점을 갖기 위해 몇 가지 예비 정보들을 살펴볼 필요가 있다.

치유 기도의 중요성

사복음서는 그리스도께서 이땅에서 사역하시는 동안 행하셨던 41번의 치유 사역을 기록하고 있다. 마태복음 4장 23-24절에서는 갈릴리와 수리아 지역에 살고 있던 사람들이 예수님께 다양한 병자들을 데려갔고, 예수님이 그들을 고쳐주셨다고 말하고 있다. 그들 중에는 보지 못하는 사람, 듣지 못하는 사람, 귀신 들린 사람,

중풍병자들이 있었고 그 밖에도 다양한 질병을 앓고 있는 사람들이 있었다. 예수님이 그들 모두를 고쳐주셨다. 예수님에게 데려간 사람들 중에 고침받지 못한 사람이 있었다는 기록은 그 어디에도 없다. 그것은 예수님이 행하신 치유 기적의 횟수가 모두 다 합하면 개별적으로 언급된 41번을 훨씬 더 능가한다는 것을 의미한다.

사도행전으로 넘어가보면 상황은 달라진다. 몇 차례 치유 기적이 기록되어 있긴 하지만 그리 많지는 않다. 사도행전 3장에서 우리는 베드로와 요한과 앉은뱅이에 관한 이야기를 읽을 수 있다. 그리고 2장과 5장에서는 표적과 기사를, 9장에서는 베드로와 도르가의 이야기를 그리고 20장에서는 바울과 유두고의 이야기를 볼 수 있다. 바울 사도는 고린도전서 12장 28절에서 '병 고치는 은사'를 언급하고 있다. 그는 또 병든 드로비모를 밀레도에 남겨두었던 일도 언급하고 있다 딤후 4:20. 그리고 디모데에게는 "자주 나는 병을 인하여 포도주를 조금씩 쓰라 딤전 5:23"고 여러 번 말했다. 서신서는 로마 제국 전역에 복음이 전파된 것을 강조하고 있기 때문에 병 고침에 대한 부분은 상대적으로 적다.

2000년에 걸친 교회 역사를 간단히 살펴보면 크리스천들이 처음부터 병든 사람들과 죽어가는 사람들을 위한 사역을 중시해왔음을 알 수 있다. 의술과 기도가 양분된 적은 없었다. 크리스천들은 병원과 의무실, 요양원, 호스피스 간호 단체 등을 시작하고 주도해왔다. 예를 들면 러쉬 장로교-세인트 루크 병원 Rush Presbyterian-st. Luke's Hospital, 그리스도 병원, 루터란 Lutheran 종합 병원, 선한 사마리아 병원, 부활 병원 등이 시카고 지역에 있다. 크리스천들은 언제나 예수 그리스도의 이름으로 병든 사람들과 죽어가는 사람들에게 도움을 주는 것이 그들이 전해야 할 메시지의 일부라고 생각한다.

나는 또 최근 의학 연구들이 의술과 기도의 관계를 뒷받침해주고 있다는 사실을 언급하지 않을 수 없다. 지난 몇 년 동안 수많은 연구들을 통해 믿음의 사람들이 병든 사람들을 위해 기도할 때 병이 호전되었다는 사실이 확인되고 있다. 그것은 그냥 추측이 아니다. 엄밀한 과학적 연구를 통해 거듭 확인된 사실이다「기도와 믿음과 치유(Prayer, Faith and Healing, Rodale Press, 1999)」 pp. 3-17라는 책에서 '과학이 하나님을 찾아내고 있다' 라는 제목으로 이야기하고 있는 부분을 참조하라].

그리고 최근에는 병든 사람들을 위한 기도의 중요성이 새롭게 강조되고 있다. 병든 사람들을 위한 기도와 치유 예배를 중요한 사역으로 여기는 교회들도 있다. 그리고 평신도들은 병든 사람들을 섬기고 그들을 위해 기도하기 위해 훈련받고 있다. 반면 이 주제에 대해 이야기하기를 꺼리는 사람들도 있다. 이들은 다른 사람들에게 극단적으로(지금 나는 심야 기독교 TV에 출연하고 있는 '치유 전도자들'의 화려한 연기를 떠올리고 있다) 비춰질까봐 두려워하는 사람들일 수 있다. 그들은 치유에 실패하게 될 경우 난처한 상황에 처하게 될 것을 우려한다. 그리고 병자들에게 잘못된 희망을 갖게 하고 싶지도 않을 것이다. 또 복음에 맞추어야 할 메세지의 초점이 흐려지는 것도 원하지 않을 것이다.

이 모든 염려들은 정당한 것이다. 그러나 지금도 여전히 우리 주변에서는 많은 사람들이 기도에 대한 응답으로 하나님의 기적을 체험하고 있다. 그리고 우리 모두 그런 이야기들을 한 가지 이상씩 생각해낼 수 있다. 나의 경우 텍사스 갈랜드 Garland 에서 사역하던 교회로 거슬러 올라간다. 어느 날 리비 레드와인 Libby Redwine 이라는 여성도가 야고보서 5장에 따라 자신에게 기름을 붓고 기도해달라고 장로들에게 요청했다. 그때까지 내게 그런 요청을 한 사람은 아무도 없었다. 나는 무슨 말을 해야 할지 잘 알 수 없었다. 장로들 역시 그런 경험이 전혀 없었다. 그러나 그들은 그렇게 해야 한다는 데 동의했다. 나는 그 길로 식료품 가게로 달려가 올리브 기름을 한 병 샀다. 그렇게 하는 것이 옳은 것처럼 보였다. 그런 다음 주일 예배를 마친 후 리비와 장로들을 내 사무실로 불렀다. 그곳에는 존 그래스믹 John Grassmick, 밥 피바디 Bob Peabody, 네이트 슈니트먼 Nate Schnitman, 데이비드 허버트 David Hebert 도 함께 있었다. 나는 야고보서 5장 13-16절을 읽은 다음, 리비에게 우리가 그녀를 위해 무엇을 기도해야 하는지 말해줄 것을 요청했다. 리비는 몇 년 전 텍사스에서 첫 번째 심장 절개 수술을 받았다고 했다. 그녀의 동맥은 상태가 좋지 않았다. 왜냐하면 의사가 다시 수술을 할 경우 그녀의 동맥은 분필같이 약해져 있어 툭 하고 끊어지게 될 것이라고 경고했기 때문이다. 게다가 검사를 통해 리비의 하복부에 생명에 지장이 될 수 있는 덩어리가 발견되었다. 그래서 다음 주 화요일에 그 덩어리를 제거하기 위한 수술 계획을 잡아야만 했다.

나는 리비에게 고백하고 싶은 죄가 있는지를 물어본 후 내 손가락에 기름을 묻혀 그녀의 앞이마에 십자가 표시를 했다. 그런 다음 장로들이 그녀에게 손을 얹고 한 사람씩 돌아가며 하나님이 그녀를 치유해주시기를 간절히 기도했다. 우리가 기도하기 시작했을 때 말로 설명할 수 없는 일이 벌어졌다. 우리 모두 그 방에 함께 계시는 하나님을 생생하게 느낄 수 있었다. 기도가 끝나자 리비는 환한 미소를 지었고 우리 모두 우리가 기도하는 동안 하나님이 우리를 만나주셨다는 사실을 알 수 있었다. 다음 날 리비는 수술 전에 몸 상태를 체크하는 검사를 받았다. 그리고 화요일에 그녀는 전화로 놀라운 소식을 알려왔다. 검사 결과 하복부에 있던 덩어리가 사라져 수술이 취소되었다는 이야기였다. 그 반가운 소식을 전하는 그녀의 목소리는 흥분해서 달떠 있었다. 수술은 취소됐다. 그리고 그날 이후 나와 그녀, 장로들은 하나님이 우리 기도에 대한 응답으로 그녀를 치유해주셨다고 믿게 되었다.

나는 지난해 설교를 하면서 리비의 이야기를 예로 들었다. 그러자 달라스 신학교 학장인 마크 베일리 Mark Bailey 박사가 그와 비슷한 다른 이야기들을 들려줄 수 있는지를 물었다. 나는 있긴 있지만 그리 많지는 않다고 대답했다. 그리고 그렇게 극적이지도 않다고 대답했다. 지난 여러 해를 돌아보면서 나는 내가 기도해주었던 사람들이 병에서 회복된 경우를 많이 보았다. 그러나 또 기도를 했지만 아무런 차도를 보이지 않았던 경우들도 있었다. 베일리 박사와 나는 대부분의 목사들이 그런 경험을 하고 있다는 데 동의했다. 때로는 하나님이 놀라운 방법으로 구조해주시기도 하시고, 또 때로는 기도의 응답으로서 완전한 회복을 허락해주시기도 한다. 그런데 그런 일은 늘상 일어나지 않는다. 그 이유는 무엇인가? 이 질문에 대답하기 위해서는 한 장을 더 할애하거나 아니면 아마도 책 한 권을 더 써야 할지도 모른다. 그러나 그렇다 해도 우리는 그 대답에 대해 여전히 확신할 수 없다. 하지만 우리가 알고 있는 것은 하나님이 병든 사람들을 위해 어떻게 기도해야 하는지를 분명하게 지시해주셨다는 것이다. 이 사실을 염두에 두고 야고보서 5장 14-15절이 말하고 있는 내용을 자세히 살펴보기로 하자.

치유 기도의 네 단계

야고보서 5장 14-15절을 자세히 살펴보면 병든 사람을 위해 기도하는 네 단계의 과정이 언급되어 있음을 볼 수 있다.

1단계: 병든 사람이 장로들을 부른다.

"너희 중에 병든 자가 있느냐 저는 교회의 장로들을 청할 것이요" 약 5:14. 병든 사람을 위한 기도의 첫 단계는 '병든' 사람이 자신이 있는 곳으로 장로들을 부르는 것으로부터 시작된다. '병든' 이라는 단어는 매우 광범위하다. 감당하기 매우 힘든 심각한 신체적, 정신적, 감정적, 영적 문제들과 사람들과의 관계 속에서 생겨나는 문제들을 모두 다 포함한다. 다양한 종류의 질병이 있고, 그런 병에 걸렸을 때 성도는 거리낌 없이 장로들에게 도움을 요청할 수 있어야 한다.

교회의 '장로들'은 누구인가? 장로는 성도들의 영적 지도자로 선택된 사람을 말한다. 가장 광범위한 의미로 본다면 장로는 병든 사람들을 배려할 수 있는 경건한 크리스천들이라고 할 수 있다. 그러나 장로들이 병든 사람에게 가야 하는 이유는 무엇인가? 병든 사람이 교회에 올 수 없기 때문에 교회가 그에게로 가야 한다. 그리고 그는 자신을 위해 기도할 수 없을 만큼 중병에 걸렸을 수도 있다. 그러므로 교회가 그에게 가서 그를 위해 기도해야 한다. 한 친구가 내게 조셉 카디널 버나딘 Joseph Cardinal Bernardin 이 암과 — 결국 그의 생명을 앗아간 — 싸우면서 쓴 책을 기억나게 해주었다. 버나딘은 병든 사람들은 스스로 기도할 수 없을 만큼 약해져 있기 때문에 아픈 사람을 위해 기도하는 것이 매우 중요하다고 강조했다. 때때로 병든 사람은 정신적으로 불안정한 상태인 경우도 있어 논리적인 생각이 불가능하다. 방사선 치료나 복용하는 약들이 정신적, 육체적 활력을 잃게 만들고 방향 감각을 떨어뜨릴 수 있다. 고통이 너무 심해서 기도하는 것 자체가 큰 부담이 될 수도 있다. 환자가 혼수 상태에 빠져 있을 수도 있고 의식이 오락가락할 수도 있다. 건강한 사람들은 병든 사람들을 위해 기도함으로써 그들을 섬길 수 있다.

마지막으로 장로들을 부르는 이유는 무엇인가? 첫째, 장로들이 교회를 대표하기 때문이다. 교인 전체가 병든 사람을 찾아가는 대신 장로들이 교회를 대표해서 병든 사람을 방문할 수 있다. 둘째, 장로들은 기도하는 사람들이어야 하기 때문이다. 진정한 장로들은 하나님을 어떻게 만나야 하는지를 알고 있기 때문에 기도하도록 청함을 받게 되는 것이다.

2단계: 장로들이 병든 사람에게 간다.

장로들은 병든 사람이 있는 곳이라면 어디든지 가야 한다. 인원수에 따라 치유의 힘이 달라질 수 있으므로 교회 장로들이 함께 간다. 장로들은 병든 사람을 직접 보면서 기도할 때 마음에서 우러나오는 훨씬 더 간절하고 진지한 기도를 하게 된다. 그리고 그들의 방문은 병든 사람에게 '교회가 그를 잊지 않고 있다'는 사실을 알려주면서 힘을 얻을 수 있게 해준다. 또한 장로들은 다른 교인들에게 병든 사람을 찾아가 기도하는 모습을 보여줌으로써 병을 앓고 있는 사람을 어떻게 돌보아야 하는지에 대한 역할 모델이 되어준다.

야고보서 5장 14절을 읽으면서 나는 몸져누워 있는 환자를 위해 장로들이 그 침대 주위에 모여 그들의 손을 환자 위로 들어올리고 기도하는 장면을 그려보게 된다.

3단계: 장로들이 기름을 바르고 기도한다.

"교회의 장로들을 청할 것이요 그들은 주의 이름으로 기름을 바르며 위하여 기도할지니라" 약 5:14. 핵심은 기도다. 장로들은 병든 사람을 위해 기도할 때 그 한 과정으로 병든 사람에게 기름을 바른다. 여기서 기름을 '바른다'는 것은 상징적인 절차를 의미하는 것이 아니다. 이는 기름을 병든 사람에게 거의 마사지하듯 '문지르는' 것을 말한다. 어떤 기름을 사용해야 하는 것인지 밝혀져 있지는 않지만 자동차 기름이 아님은 분명하다. 아마도 올리브유를 지칭하는 것으로 보이는데 그 이유는 올리브유가 일세기 당시에 가장 널리 사용되었기 때문이다. 그러나 그것이 중요한 문제는 아니다. 한 선교사 부부는 아들의 병세가 점점 악화되자 나이지리아 교회에 아들을 위해 기도해줄 장로들을 보내달라고 요청했다. 곧 장로들과 목사들이 그들의 집을 방문했고 약간의 기름을 달라고 부탁했다. 그런데 그 선교사의 집에는 땅콩 기름밖에 없었다. 장로들은 급한 대로 땅콩 기름을 사용했다. 그 결과는 성공적이었다. 바로 그날부터 아들의 건강이 회복되기 시작했다.

성경에서 기름은 종종 하나님이 주시는 활력과 건강을 상징한다. 기름은 하나님의 함께하심과 하나님의 은총이 필요하다는 사실을 보여주는 하나의 상징으로 왕들에게 부어졌다. 야고보서 5장도 그와 비슷하다. 기름은 마술적인 것이 아니다. 몇 방울의 또는 몇 그릇의 기름 속에 초자연적인 능력이 깃들어 있는 것은 아니다. 기름은 단순히 믿음에 도움을 주기 위한 것이다. 그리고 모든 치유는 하나님으로부터 와야 한다는 사실을 받아들이도록 상기시켜주는 역할을 한다. 이런 점에서 기름은 성찬식에 사용되는 떡과 포도주 같은 것이다. 믿음을 세워주고 병든 사람에게는 "하나님이 함께하십니다. 하나님이 당신을 치유하실 수 있습니다"라고 말해주는 것과 같다. 때때로 나는 온갖 유형의 첨단 의료 장비들의 도움을 받고 있는 환자에게도 기름을 바르고 기도한다. 기름을 바르는 간단한 행동은 우리 모두에게 – 병든 사람과 기도하는 사람 모두에게 – 치유하시는 분은 하나님이시며, 우리가 신뢰하는 것은 최신 의학 기술이 아니라(매우 훌륭한 것이긴 하지만) 하나님 한 분이시라는 사실을 상기시켜준다.

기름을 바르는 일이 '주의 이름으로' 행해져야 한다는 사실에 주목하라. 이것은 매우 중요한데 그 이유는 그것이 우리에게 하나님은 모든 축복과 모든 치유의 근원이시라는 사실을 확인시켜주기 때문이다.

장로들에게서 능력이 나오는 것이 아니다.
기름에 능력이 있는 것이 아니다.

그러나 주님의 이름에는 크고 전능하며 영원한 능력이 있다. 주님만이 치료하실 수 있다.

4단계: 치유와 용서의 기적이 일어난다.

네 번째 단계는 야고보서 5장 15절에 설명되어 있다. "믿음의 기도는 병든 자를 구원하리니 주께서 저를 일으키시리라 혹시 죄를 범하였을지라도 사하심을 얻으리라." 이 단계는 단순히 첫 번째 단계부터 세 번째 단계까지 진행되면서 기대할 수 있는 결과다. 이에 따라 병든 사람이 일어나고 그의 죄가 용서를 받게 된다. 야고보는 기도를 설명하기 위해 '믿음의 기도'라는 보기 드문 표현을 사용하고 있다. 그 표현은 신약 성경의 그 어떤 곳에서도 사용된 적이 없다. 어떤 면에서 모든 간절한 기도는 믿음으로 해야 한다. 그렇지 않다면 그 기도는 엄밀히 말해서 기도라 할 수 없다. 장로들은 기도할 때 하나님은 모든 상황에서 필요한 일을 하실 수 있고 또 하실 것이라고 신뢰하는 자세를 가져야 한다. 그러나 또 '믿음의 기도'는 고린도전서 12장 9절에 언급된 믿음의 은사와 같은 것을 뜻할 수도 있다. 믿음 자체는 우리가 열정을 가지고 노력해서 얻을 수 있는 것이 아닌 하나님으로부터 온 선물이다. 그래서 야고보는 하나님이 누군가를 치유하고자 하실 때는 장로들에게 큰 확신을 가지고 기도할 수 있는 믿음을 갖게 하신다고 말하고 있는지도 모른다. 장로들과 내가 리비 레드와인을 위해 기도했던 그 경험을 돌아보면, 그 당시 우리는 우리와 함께하시는 하나님을 생생하게 감지했다는 것을 기억해낼 수 있다.

성경 본문은 치유가 어떻게 일어날 것인지에 대해서는 아무 언급도 하지 않는다. 치유가 기적같이 일어나야 하는 것도 아니고, 즉각적으로 일어나야 하는 것도 아니다. 또한 의학적 치료가 배제되어야 하는 것도 아니다. 하나님은 그분의 자녀들을 신속하게 혹은 천천히, 기적적으로 혹은 의학적으로, 아니면 기적과 의학의 조합을 통해 치유하실 수 있다.

그리고 우리는 육체적 건강과 영적 건강의 밀접한 관계에 주목해야 한다. '혹시'로 시작되는 헬라어 조건문은 병이 난 것이 실제로 죄 때문일 수 있다는 사실을 암시한다. 물론 모든 질병이 특정한 죄 때문에 생기는 것은 아니다. 그러나 악한 태도나 행동이 직접적인 원인이 되어 생기는 병들도 분명히 있다. 그럴 경우 그 잘못들을 깨닫고 자백하기 전까지는 치유 기도를 한다 해도 그것은 무의미한 일이다. 병든 사람에게 기름을 발라달라는 요청을 받을 때마다 나는 언제나 그의 영적인 상태가 어떤지를 먼저 알아보고, 하나님과 그 사람 사이에서 치유의 능력을 가로막고 있는 죄가 없는지를 확인한다. 자백을 하는 경우도 있고 하지 않는 경우도 있다. 그러나 언제나 그 확인을 하는 것이 매우 중요하다. 흔히 있는 일은 아니지만 병든 사람이 강퍅한 마음이나 반역적인 마음을 가지고 있다는 것을 감지하게 될 때는 치유를 위한 기도나 기름 바르는 일을 거부하기도 한다. 그럴 경우 치유를 위한 기도는 병든 사람을 회개시키시려고 그를 병들게 하신 하나님의 의도와 상반되게 되는 것이다.

야고보서 5장 15절에서는 "믿음의 기도는 병든 자를 구원하리니 주께서 저를 일으키시리라"고 말하고 있다는 사실에 주목하라. 지나치게 확신에 차 있고 지나치게 독단적인 것처럼 보이는 사람들이 많기 때문이다. 야고보는 병든 사람이 치유되는 데 필요한 그 어떤 조건도 언급하지 않았다. 우리는 이 구절이 '믿음의 기도는 병든 자를 구원할 수도 있을 것이다' 라는 의미로 받아들이고 싶어한다. 우리 대부분은 상태가 호전되는 대신 더 악화되는 사람들을 위해 기도해왔다. 내가 섬기던 교회의 장로이자 경건한 크리스천이었던 랜 호피 Len Hoppe 는 하나님이 그분의 능력을 세상에 알리고자 암에 걸린 자신을 치유해주실 것이라고 굳게 믿고 있었다. 그는 수술하는 날까지 그가 만나는 모든 사람들에게 자신의 그 믿음을 선포했다. 그리고 갈보리 메모리얼 교회의 수많은 성도들이 랜을 대신해 그들의 간구하는 바를 하나님께 쏟아놓았다. 그러나 수술을 마친 뒤 두 주 후에 나는 그의 장례식에 참석해야 했다.

하나님의 관점에서 본 치유

우리가 기도하고 기름을 바르는 모든 사람이 다 치유되지는 않는다. 그리고 그 사실을 다루는 다양한 방법들이 있다. 그런데 그 가운데 어떤 것에도 나는 온전히 만족할 수가 없다. 그리고 내가 다 설명할 수 없는 신비가 있다. 나는 야고보서 이외에 신약 성경에서 기도에 대해 그와 비슷한 포괄적인 약속을 하고 있는 다른 구절들을 비교해가며 읽는 것이 도움이 될 것이라고 생각한다. 그 말씀들은 기도의 무한한 가능성을 보여줌으로써 우리를 격려하기 위한 것이다. 그리고 그 말씀들은 하나님 앞에 절망적인 상황이란 있을 수 없다는 사실을 믿도록 우리를 격려해준다. 의사들이 포기했다고 해서 위대한 치유자이신 하나님이 포기하신 것은 아니다.

그렇다면 우리는 병든 사람들을 위해 어떻게 기도해야 하는가?

- 적극적으로 기도해야 한다. 왜냐하면 하나님께는 불가능이란 없기 때문이다.
- 간절히 기도해야 한다. 왜냐하면 의인이 간절히 기도할 때 많은 역사가 일어났기 때문이다.
- 복종하는 기도를 해야 한다. 왜냐하면 하나님이 우리보다 전체적인 상황을 훨씬 더 잘 알고 계시기 때문이다. 우리가 육체적인 치유를 최선으로 생각한다고 해서 하나님도 그러실 것이라고 생각해서는 안 된다. 우리는 하나님께 우리의 기도를 어떤 식으로 응답해달라고 지시하는 기도를 해서는 안 된다. 대신, 우리가 원하는 것을 위해 기도해야 한다.

이 장을 쓰기 위해 연구하는 동안 치유에 관한 한 구절이 떠올랐다. 그것은 내가 그 구절을 읽은 이래로 늘 내 마음속에서 되살아나곤 했던 구절이다. 우리 대부분은 치유를 '질병을 제거하는 것'이라고 생각하는데 그것은 마치 시계를 거꾸로 돌려 이전 상태로 만드는 것과 같다. 그러나 성경에서 말하고 있는 치유는 무엇보다 먼저 하나님과 바른 관계를 맺는 것을 포함하는 매우 폭넓은 개념이다. 그리고 그 관계가 삶의 다른 모든 부분^{마음, 몸, 영혼}에 영향을 미친다. 즉, 치유를 통해 깨진 관계들이 회복되고, 새롭고 강력한 방법으로 하나님의 은혜를 받을 수 있는 상태로 변화되는 것을 포함한다. 그것은 "축구 경기를 하다가 팔이 부러진 우리 아들을 위해 기도해주세요"라고 말하는 것을 훨씬 넘어서는 거대한 개념이다. "성경에서 말하는 치유는 우리가 과거 상태로 되돌아가는 것이 아니라 하나님이 의도하신 대로 되어가는 것이다"라는 말은 내게 치유에 대한 새로운 방향을 제시해주었다. 그 말을 잠시 생각해보라. 치유를 위해 기도하면서 영적, 감정적, 관계적인 측면들을 배제하고 육체적인 측면에만 초점을 맞추려 해서는 안 된다. 우리 삶의 모든 영역이 완전해지기 전까지 우리는 온전하게 치유된 것이 아니다.

야고보서 5장 14-15절에 대한 우리의 반응

기도의 사람이 됨

야고보서 5장 14-15절을 성경 전체에 비추어 살펴보는 동안 다음 두 진술이 내게는 단연 틀림없는 사실처럼 보였다.

- 육체적으로 치유되고 임종을 앞둔 신자가 기적적으로 살아나는 것이 언제나 하나님의 뜻은 아니다.
- 치유되는 것이 하나님의 뜻인 경우가 많다. 그렇지 않다면 야고보서 5장 14-15절은 성경에서 찾아볼 수 없었을 것이다.

때때로 우리는 이 두 진술 중 한 하나에만 초점을 맞춘다. 그러나 나는 두 진술 모두를 중요하게 생각한다. 우리의 문제는 1) 치유하시는 하나님의 뜻에 대한 믿음과 2) 치유 과정에서 중요한 역할을 담당하는 장로들에 대한 믿음을 잃어버리는 것이다.

나는 하나님이 병든 자녀들을 위해 다음 네 가지를 공급해주신다고 믿고 있다.

- 보살피는 믿음 공동체 – 교회
- 사랑하는 가족과 친구들
- 의사들과 간호사들, 병원과 의약품들
- 병든 사람들을 위해 기도하는 경건한 장로들

오늘날 우리는 하나님이 공급해주신 네 번째 요소를 병든 사람들로부터 박탈하고 있다. 그러나 성경 속에서는 그 요소를 여전히 볼 수 있다. 때때로 우리는 기도라는 근본적인 요소를 간과해버리기 쉽다. 카드와 꽃, 사탕을 보내고, 아기를 대신 돌봐주고, 병든 사람을 위해 음식을 만들어준다. 그리고 기꺼이 심부름도 해준다. 그런 일들은 우리의 믿음을 표현하는 가장 훌륭하고 적절한 방법들이다. 그러나 병든 사람에게는 그 무엇보다 우리의 기도가 절실하게 필요하다는 사실을 잊어서는 안 된다. 그들을 도울 때 우리는 먼저 기도부터 해야 한다. 다른 모든 것들은 그 다음 문제다. 이에 내해 다음과 같이 말할 수 있다.

- 모든 성도는 병든 사람들을 위해 기도해야 한다.
- 병든 사람들을 위한 기도는 교회 장로들의 특별한 의무며 또 특권이다.

이것은 장로들의 역할에 대해 우리에게 잘 말해준다. 그들은 기도하는 경건한 사람들이어야 한다. 그들이 기도하는 사람들이 아니라면 병든 사람들과 임종을 앞둔 사람들에게 별다른 도움이 되지 못한다. 그들의 기도를 통해 변화가 일어나기 위해서는 그들의 기도와 믿음이 생생하게 살아 있어야 한다. 그리고 절망적인 상황 속에서도 기도할 수 있는 사람들이어야 한다.

하나님의 응답을 신뢰함

야고보서 5장 14-15절에는 병든 사람들을 위해 기도하는 것이 교회의 의무가 되어야 한다고 이야기하고 있다. 그 기도는 우리 생활 속에서 되찾아야 할 고귀한 사역이다. 하나님의 말씀을 믿고 순종한다면 놀라운 하나님의 능력을 체험하게 될 것이다.

동시에 우리는 하나님이 하나님 되실 수 있도록 해드려야 한다. 하나님은 최선이 무엇인지를 잘 알고 계신다. 우리가 기도하면서 기억해야 할 특별한 원리가 있다.

1. 하나님만이 주권자이시다.

우리는 우리 기도의 결과가 어떻게 나타날지 미리 알 수 없다.

그러므로 우리는 우리가 지킬 수 없는 약속을 함부로 하지 말아야 하며 겸손하게 기도해야 한다. 우리가 아닌 하나님만이 하나님이시다. 병든 사람들을 위해 기도할 때 우리는 이 관점을 유지해야 한다.

2. 하나님은 전능하시다.

우리는 하나님이 우리 기도에 응답하실 것을 기대해야 한다. 그러나 하나님은 종종 인간적으로는 설명할 수 없는 방법으로 응답하신다. 그러므로 우리는 기도하면서 우리가 바라는 치유를 담대하게 간구해야 한다. 때때로 병든 사람을 방문하는 동안 그 심각한 상태를 보고 위협을 느낄 수도 있다. 그러나 오직 하나님만 바라본다면 하나님께 그분의 자녀들을 치유해달라고 간구하는 것을 두려워하지 않을 수 없다.

3. 하나님이 만드신 것은 모두 선하다.

우리는 우리가 병들었을 때 기도와 의술 모두를 우리에게 도움이 되는 선물로 보아야 한다. 이 원리가 어떤 사람들에게는 논쟁의 여지가 있는 주장이 될 수도 있다. 하나님은 우리에게 기도와 의술 둘 중의 하나를 선택할 것을 요구하지 않으신다. 기도하라. 그리고 하나님의 영광을 위해 약을 복용하라. 약할 때 하나님을 찾고 하나님의 도우심을 구하라. 그리고 하나님의 도우심이 수술이나 방사선 치료의 형태로 나타날 때 그 도우심을 무시하지 말라.

4. 무엇이 최선인지를 하나님은 아신다.

우리가 기대하는 치유가 나타나지 않을 때에도 그것이 우리의 유익과 하나님의 영광을 위한 것이라는 사실을 믿어야 한다. 이것은 로마서 8장 28절이 가르치고 있는 내용을 요약한 것이다. 우리가 이 사실을 아주 분명하게 볼 수 있을 때가 있다. 그리고 또 어떤 때는 우리가 믿기로 선택해야 할 때도 있다. 그러나 우리가 이해하든지 그렇지 못하든지 간에 모든 경우에 있어서 이 사실은 언제나 변함없는 진리다.

5. 믿음은 하나님께로부터 오는 선물이다.

하나님이 평범하지 않은 방법으로 치료하고자 하실 때는 우리에게 믿을 수 있는 믿음을 주신다. 어떤 경우일지라도 우리가 해야 할 일은 우리의 '감정'에 좌우되지 않고 항상 기도하는 것이다. 나 또한 병든 사람들을 위해 기도할 때 하나님이 내 기도에 어떻게 응답하실지 잘 모를 때가 많다. 그러나 하나님의 일을 할 때 나는 경영을 하는 것이 아니라 판매를 하는 것이라고 생각한다. 그러므로 기도 응답에 대한 책임은 내게 있는 것이 아니다. 나는 그저 기도할 뿐이다. 때때로 기도하면서 우리는 색다른 방법으로 우리와 함께하시는 하나님을 감지하게 될 것이다. 우리 기도에 대한 응답으로 누군가가 치유되었다면 그 사람을 낫게 한 것은 우리의 믿음이 아니다. 믿음은 하나님의 능력을 나타내는 도구에 불과하다. 그리고 믿음 그 자체도 하나님으로부터 오는 하나의 선물이다.

6. 죄는 하나님의 치유 능력을 가로막는다.

우리는 다른 사람들을 위해 기도하기 전에 그들이 영적으로 어떤 상태에 있는지를 확인해야 한다. 이것은 정당한 것이다. 심지어 나는 병든 사람에게 자백하지 않은 죄가 있거나 불순종과 잘못된 태도가 있을 때에는 그 사람의 치유를 위해 기도해서는 안 된다고 말하기도 한다. 그렇다고 해서 치유를 위한 기도를 죄의 고백으로 바꾸어야 한다는 뜻은 아니다. 장로들은 그들에게 맡겨진 양 떼들을 지혜롭게 다루려면 어떻게 해야 하는지를 잘 알고 있을 것이다. "이 병을 일으켰을지도 모르는 무언가가, 또는 하나님의 치유 능력을 방해하고 있는 무언가가 당신의 삶 속에 있다는 것을 알고 있습니까?" 이 질문에 "그렇다"는 대답이 나오면 그 문제를 치유 과정의 한 부분으로 다룰 수 있다.

7. 하나님의 말씀은 모두 사실이다.

우리는 결과와 무관하게 하나님의 말씀에 순종하면서 하나님을 영화롭게 할 수 있다. 작가 존 암스트롱 John Armstrong 은 '너희 중에 병든 자가 있느냐?' Viewpoint, 2000년 5-6호 라는 그의 글 속에서 이 사실을 강력하게 호소하고 있다. 나는 1999년 12월, 시카고 지역에서 사역하고 있는 목사들과 함께 존의 심각한 만성 피로 증후군을 치유해달라고 기도했다. 그는 그 기도 시간에 대해 쓴 글에서 목사들이 야고보서 5장 14-15절을 온전히 이해하지 못하고 있다는 사실에 동의했고, 우리가 이해하고 있는 부분에 순종하기 위해 모든 것을 다 이해해야 할 필요는 없다는 사실에도 동의했다. "예배와 순종은 언제나 우리를 신비로운 하나님과 그분의 방식 속으로 이끌어간다." 하나님은 우리에게 모든 것을 다 미리 알아야 한다고 못박지 않으신다. 우리는 우리가 알고 있는 것을 따르고 그 결과는 하나님께 맡겨야 한다.

치유에 관한 중요한 사실

이땅의 치유는 부분적이고 일시적이다

다음으로 넘어가기 전에 마지막으로 짚고 넘어가야 할 한 가지 사실이 있다. 치유가 중요하기는 하지만 이땅에서 일어나는 모든 치유는 부분적이고 일시적이라는 것이다. 최종적인 치유는 예수님이 다시 오시고 그리스도 안에서 죽은 사람들이 일어나게 될 때까지 이루어지지 않을 것이다^{살전 4:13-18 참조}. 이 사실이 내게는 매우 중요하게 다가왔다. 때때로 우리는 오랫동안 병마와 싸우다 숨진 성도들이 천국에서 다 치유된다고 이야기한다. 그러나 성경은 그렇게 말하지 않는다. 그리스도 안에서 숨진 크리스천들이 죽은 순간부터 천국에서 하나님과 함께 거하는 것은 사실이다. 그리고 그들의 고통이 영원히 끝나는 것도 사실이다. 그러나 그들의 육체가 땅에 묻혀 있는 한 우리는 그들이 정말로 다 치유되었다고 말해서는 안 된다. 우리는 그리스도가 재림하셔서 우리의 몸에 영원을 덧입

혀주실 때까지 완전히 치유될 수 없다. 성경이 말하는 구원에는 영혼의 구원뿐 아니라 몸의 구원도 포함된다. 신자들의 육체적 부활을 무시하거나 경시한다면 우리는 몸의 재림을 믿지 않는 다양한 동양의 종교를 따르는 사람들과 별반 다를 바 없을 것이다.

이 글을 쓰면서 나는 1999년에 세상을 뜬 내 사랑하는 친구 게리 올슨Gary Olson을 생각하게 된다. 나는 그가 천국에 있다는 것을 알고 있다. 그리고 그의 고통이 끝났다는 것도 알고 있다. 또한 완전한 천국의 기쁨을 누리고 있으리라는 것도 알고 있다. 그는 더 좋은 곳에 있는 것이다. 그러나 그가 완전히 치유된 것은 아니다. 그의 유골이 이땅에 남아 있는 한 완전히 치유된 것이 아니다. 그를 다시 만나 그의 시원시원한 웃음소리를 듣고, 내 어깨 위에 올려져 있는 그의 팔을 느끼며, 낮고 특이한 목소리로 "목사님, 어떻게 지내세요?"라고 말하는 것을 듣게 될 때까지 나는 만족할 수 없을 것이다. 꿈과 이상은 좋은 것이다. 추억은 감미롭다. 그러나 우리가 사랑하는 사람들을 다시 보게 되는 것과 바꿀 수 있는 것은 아무것도 없다.

이땅의 치유는 맛뵈기에 불과하다

이렇게 생각할 때 육체적 치유에 대한 질문들이 또렷해진다. 하나님이 병든 사람들을 고치실 수 있는가? 고치실 수 있다. 그리고 항상 그 일을 하고 계신다. 때때로 절망적으로 보이는 질병으로부터 누군가를 구하기 위해 하나님이 하늘에서 움직이시는가? 우리가 예상하는 것보다 훨씬 더 자주 움직이신다. 나는 그렇게 생각한다. 우리는 우리에게 일어나는 치유가 크게 보이든지 또는 작게 보이든지 간에 모든 치유에 기뻐해야 한다. 그러나 이땅에서 치유받은 사람들도 결국은 모두 죽게 된다는 사실을 기억하자. 사망이 여전히 이땅을 지배하고 있다. 마치 하나님이 "암에 대해 내가 어떻게 할 수 있는 지를 보고 감동을 받았느냐? 앞으로 죽은 사람에게 내가 어떻게 할 수 있는지를 보게 될 것이다. 그때까지 잠잠히 기다려라"라고 말씀하시는 것 같다. 모든 육체적인 치유는 쥐꼬리만 한 월급이나 은행 예치금 또는 시식 코너의 감질나게 적은 음식과 같은 것이다. 이것은 그리스도께서 재림하실 때, 즉 그리스도 안에서 죽은 사람들이 다시 살아나게 될 때 얻게 될 엄청난 기적을 보증하는 담보 같은 것이다. 지난 세월 동안 내가 장례식을 거행했던 사람들을 생각하면서 그들이 그리워질 때 나는 "주 예수님, 오늘 오세요. 죽었던 크리스천들이 무덤에서 걸어나와 축하 잔치를 벌이게 해주세요"라고 말씀드리고 싶어진다.

복음서에서 치유의 기적을 경험했던 41명의 사람들은 결국 모두 죽었다. 그리고 내 친구 리비 레드와인도 우리가 그녀를 위해 기도한 후 약 12-13년 정도 더 살다가 결국 하나님 품으로 갔다(나는 그렇게 된 것을 하나님께 감사한다). 나 역시 언젠가 그 길로 가게 될 것이다.

우리의 역할과 하나님의 역할

치유를 위한 기도가 응답될 때도 있고 응답되지 않는 때도 있는 이유는 무엇인가? 하나님의 목적을 온전히 설명할 수 있는 사람은 아무도 없다. 그러나 나는 시편 115편 3절 말씀에 만족할 수 있다. "오직 우리 하나님은 하늘에 계셔서 원하시는 모든 것을 행하셨나이다." 나는 치유 기도에 대한 내 신학을 한 문장으로 요약할 수 있다. 우리가 기도할 때 하나님은 하나님의 시기에, 하나님의 방법으로, 하나님의 뜻에 따라 치유하신다. 우리는 정직하고 간절하며 순종하는 마음으로 하나님이 우리에게 주신 믿음을 총동원하여 기도해야 한다. 우리는 우리가 맡은 역할을 해야 한다. 하나님은 하나님이 맡으신 역할을 틀림없이 행하신다.

나는 내 보잘것없는 이해력의 한계를 훨씬 뛰어넘어 일하시는 하나님 앞에 머리를 숙이게 된다. 우리는 하나님의 대리인으로서 기도를 통해 우리 형제 자매의 짐을 가볍게 덜어주는 특권을 누릴 수 있다. 우리는 기도를 통해 병든 사람들을 치유하는 일을 대신 맡아서 처리할 수 있다. 우리가 이렇게 하나님께 쓰임받는 것은 매우 영광스러운 일이다.

마지막으로 우리가 병든 사람들과 임종을 앞둔 사람들을 위해 기도할 때 하나님은 들으시고 돌보시며 각 상황에 맞게 최선을 행하실 것이라고 믿어야 한다. 이를 위해 담대함, 확신, 겸손 그리고 믿음을 가지고 기도하자. 병든 사람들을 위해 기도할 때 우리는 이 세상에서 예수님의 일을 하는 것이다. 두려워 말라. 믿음을 잃지 말고 계속 기도하라.

제6장

두려움에 떠는 사람들을 중보하심

다른 어떤 기도들보다 하기 힘든 기도가 있다. 나는 오래전 아버지가 돌아가셨을 때 이 사실을 깨달았다. 10월 어느 날 아버지는 어깨에 통증을 호소하셨다. 나중에 의사들은 아버지의 몸 어딘가에 생긴 세균성 감염이 전이된 결과 통증을 일으킨 것이라고 말했다. 처음에는 그리 심각해 보이지 않았다. 그러나 증세가 전혀 호전되지 않았고, 며칠 후 아버지는 앰뷸런스를 타고 버밍엄으로 실려가셨다. 그곳에서 아버지는 한 팀으로 구성된 의사들의 치료를 받으셨다. 아내와 나는 댈러스에서 차를 몰아 단숨에 병원에 도착했다. 한밤중이 지나서야 아버지를 뵐 수 있었는데, 한눈에 보기에도 위독하시다는 사실을 알아챌 수 있었다.

며칠 후 댈러스로 돌아온 우리는 간담을 서늘케 하는 전화 한 통을 받았다. 그리고 우리는 불안감을 애써 떨쳐내며 밤 비행기를 타고 버밍엄으로 날아갔다. 비전문가인 내 눈으로 보기에도 아버지는 곧 세상을 떠나실 것처럼 보였다. 내가 아버지를 뵈러 간 날 - 영원히 내 마음에 새겨져 있는 그날 - 아버지는 나를 알아보지 못하셨다. 약에 취해 계셨고 거의 혼수 상태셨다. 나는 중환자실 밖 벽에 기대선 채 임종을 맞이하고 있는 아버지를 위해 내가 할 수 있는 일이 아무것도 없다는 사실에 흐르는 눈물을 주체할 수 없었다.

그날 나는 분명 기도했어야 했다. 그리고 그렇게 했다고 확신한다. 그 당시 나는 다른 사람들이 하나님께 가까이 나아가는 것을 돕기 위해 신학 공부를 하고 있었다. 그러나 그 순간만큼은 내가 무슨 기도를 어떻게 해야 하는지 알 수가 없었다. 전적으로 무력한 나 자신을 직시해야 했던 그 끔찍한 순간에 자연스럽게 기도할 수 없었던 것이 분명하다. 모든 신학적인 견해를 떠나 나는 내 아버지가 임종을 맞이하고 있다는 사실을 감지하고 있었다. 그래서 나는 "하나님, 아버지를 낫게 해주세요"라고 무작정 기도할 수 없었다. 하나님이 그런 기도에 응답하지 않으시리라는 사실을 잘 알고 있었기 때문이었다. 그러나 그렇다고 해서 "하나님, 아버지를 하늘 본향으로 데려가시고 더 이상 고통받지 않게 해주십시오"라고 기도할 수도 없었다. 그는 나의 아버지였고 세상을 떠나기에는 너무 젊었기 때문이었다. 그래서 다른 기도를 했다. 정확하게 어떻게 기도했는지는 기억이 나지 않는다. 며칠 후 하나님이 자비롭게 개입하셨고 아버지의 괴로운 시련이 끝이 났다.

세월이 흘러 나는 신학원을 졸업했고 아내와 나는 캘리포니아 다우니로 이사해 그곳에서 내 첫 번째 사역을 시작했다. 그리고 몇 년 동안 기다리며 노력한 끝에 드디어 아내가 임신을 하게 되었다. 임신 기간 동안에는 별 어려움이 없었고 우리는 우리의 첫 아이가 태어날 날을 학수고대했다. 우리는 10개월을 기다렸다. 그리고 마침내 산통이 찾아왔다. 길고 힘든 분만의 고통을 겪던 가운데 몇 가지 문제가 발생했다. 의사가 새벽 5시 15분경에 와서 "지금 아기를 받을 겁니다"라고 말했다. 그 말은 질문이 아니라 통보였다. 아내가 수술실로 실려가는 동안 나는 아내의 얼굴에 드리워진 두려움을 보았다. 그 상황에서 나는 속수무책일 수밖에 없었다. 아내의 모습이 수술실 문 뒤로 사라진 후 나는 기도하기 위해 고개를 숙였다. 그러나 아무 말도 나오지 않았다. 병원에서 긴 시간을 보내며 누적된 피로와 의사가 전해준 소식으로 인한 충격이 아내의 얼굴에 나타난 두려움과 오버랩되었다. 갑자기 만약의 사태에 대한 염려들이 한꺼번에 몰려왔다. 나는 혼돈과 놀라움으로 기진맥진해 있었지만 홀로 앉아 계속 기도하기 위해 안간힘을 썼다. 그러나 여전히 한 마디도 할 수 없었다. 생각조차 할 수 없었다. 성경 구절마저도 생각해낼 수 없었다. 내가 할 수 있는 전부는 "아, 하나님… 아, 하나님… 아, 하나님… 주 예수님, 자비를 베풀어주십시오"라고 중얼거리는 것뿐이었다.

몇 분 후(나는 몇 시간이 흐른 것처럼 느껴졌다) 간호사가 와서 "이제 들어가보셔도 됩니다"라고 말했다. 아내는 고통 속에서도 여전히 의식을 잃지 않고 있었고, 우리의 아들이 수술대 위에 눕혀져 있었다. 나는 그제서야 하나님이 내 기도에 응답해주셨음을 알 수 있었다. 그저 아무 말도 못하고 하나님만 되풀이하여 부를 수밖에 없었던 나의 기도를 들어주신 것이다. 그 경험을 돌아보면서 나는 심오한 사실을 깨닫게 되었다. 어떤 사안이 우리에게 중요하면 중요할수록 그것을 위해 기도하기가 그만큼 더 어렵다는 것이다. 다른 사람들을 위해 쉽게 기도할 수 있는 것은 우리가 그들의 문제에 깊이 관여하고 있지 않기 때문이다. 태국이나 보츠와나나 라트비아에 있는 사람들을 위해 간단하게 기도하는 것은 비교적 쉬운 일이다. 그들을 개인적으로 알지도 못하고, 그들을 만나게 될 일도 없을 것이며, 그들에게 개인적으로 투자할 일도 없을 것이기 때문이다. 그러나 우리는 가장 가까운 사람들을 위해 기도하려 할 때 훨씬 더 힘들어진다. 더 많이 사랑하면 할수록 기도하기는 그만큼 더 어렵다. 가령 우리는 정말로 소중한 사람들인 남편, 아내, 자녀들, 부모를 위해 기도해야 할 때 쉽지 않음을 느낀다.

　로마서 8장 26-27절은 우리가 기도할 수 없을 때 성령께서 우리를 위해 기도하신다는 사실을 확신시켜주고 있다. 우리가 아무 말도 할 수 없을 때 성령께서는 말로 표현할 수 없는 탄식으로 하나님께 말씀드리신다. 우리가 어떻게 기도해야 하는지 잘 알 수 없을 때 성령께서 하나님 아버지의 뜻에 따라 우리를 위해 기도하신다. 그것은 하나님의 놀라운 대비책이다. 우리는 살아가면서 어떻게 기도해야 하는지 알 수 없는 수많은 상황들에 부딪히게 되기 때문이다. 그런 순간에 우리는 성령께서 우리를 위해 기도하고 계신다는 사실을 확신하게 된다.

우리의 연약함

로마서 8장 26절은 "이와 같이 성령도 우리 연약함을 도우시나니 우리가 마땅히 빌 바를 알지 못하나"라는 말로 시작된다. 여기에서 '도우시나니'는 다른 사람의 무거운 짐을 대신 지고 가는 사람을 생생하게 보여주는 표현이다. 거대한 통나무를 끌고 가려고 애를 쓰지만 너무 무거워서 옴짝달싹 못 하고 있는 사람을 상상해보라. 그런데 건장한 한 사람이 나타나 통나무의 한쪽 끝을 들어올리고 결국 두 사람이 함께 그 통나무를 옮긴다고 가정해보자. 그것이 바로 성령께서 하시는 일이다. 성령은 끊임없이 우리를 찾아와 우리의 무거운 짐을 들어올려주시며 우리를 도와주신다.

우리는 아주 연약하기 때문에 우리에게는 성령님의 도우심이 필요하다. '연약함'이라는 단어는 야고보서 5장 14절에 나오는 '병'으로 번역된 단어와 동의어다. '연약함'은 우리가 살아가면서 육체적, 정신적, 감정적, 영적으로 기진맥진하게 된 상태를 말한다. 그리고 우리를 위태롭게 하는 환경이 겹쳐지는 그런 상황을 말한다. 단, '연약함'은 순간적인 어려움 그 이상을 뜻한다. '연약함'은 이 세상에서 살아가는 우리의 상태를 보여준다. 우리는 근본적으로 연약하여 스스로를 도울 수 없다. 이 사실을 깨닫고 있는 사람들은 그리 많지 않다. 그래서 대부분의 사람들은 자신의 힘으로 어려움을 해결해나가려고 애쓰고 있다. 우리는 어떻게 기도해야 하는지도 모른다. 그것은 무엇을 위해 기도해야 하는지를 모른다는 뜻이며 우리의 가장 심각한 문제다. 기도해보려고 애를 쓰지만 하나님께 무엇을 구해야 할지 알 수 없었던 때가 얼마나 많았는가? 그런 일은 위기에 처한 자신을 위해 기도하거나 사랑하는 누군가를 위해 기도하려 할 때 종종 벌어진다. 무엇보다 우리는 미래를 알지 못한다. 그래서 무슨 일이 어떻게 발생될지를 앞서 예상할 수 없다. 둘째, 우리는 무엇이 우리에게 최선인지를 알지 못한다. 우리는 까다로운 직장 상사를 더 이상 견딜 수 없기 때문에 직장을 옮기고 싶어한다. 그러나 직장을 옮긴 다음 이전 상사보다 열 배는 더 고약한 상사를 만나게 될지도 모른다. 싱글들은 결혼하기를 바라지만, 결혼한 사람들은 다시 독신으로 돌아가기를 바랄 수도 있다. 그리고 우리는 그제서야 하나의 문제를 단지 다른 문제와 바꾸었을 뿐이라는 사실을 알게 될 것이다.

바로 그런 것이다. 우리의 시야는 매우 제한적이기 때문에 무엇을 위해 기도해야 하는지 우리는 잘 알지 못한다. 우리는 우주의 아주 작은 한 점만을 보고 있을 뿐이다. 그리고 우리의 관점은 이기심에 의해 불가피하게 흐려져 있다. 우리가 기도하며 구하는 것이 하나님도 원하시는 것인지를 어떻게 확신할 수 있겠는가? 전도서 6장 12절은 이 사실을 날카롭게 지적하고 있다. "헛된 생명의 모든 날을 그림자같이 보내는 일평생에 사람에게 무엇이 낙인지 누가 알며 그 신후에 해 아래서 무슨 일이 있을 것을 누가 능히 그에게 고하리요." 그 대답은 우리에게 좋은 것이 무엇인지 우리는 모른다는 것이다. 예를 들어 당신이 어렸을 때 어머니는 "브로콜리를 먹어야 해. 몸에 좋은 거야"라며 억지로 먹게 하셨다. 그러나 당신은 어른으로 성장한 지금 그 말이 정말 사실인지 확신할 수 없다. 이 외에도 우리는 사소한 것부터 커다란 문제까지 그 어떤 것에 대해서도 확신하지 못하는 것이다.

제임스 몽고메리 보이스James Montgomery Boice 박사는 필라델피아에 있는 텐스 장로 교회의 목사로 30년 넘게 섬겼다. 그 교회는 도널드 그레이 반하우스Donald Grey Barnhouse 박사가 사역하는 동안 잘 알려진 곳이다. 그 교회는 필라델피아 한가운데에서 몇 대에 걸쳐 성경을 가르치는 교육 센터로서의 기능을 해왔다. 간암 진단을 받은 직 후 보이스 박사는 교인들에게 자신의 병과 치료 경과를 간단하게 알렸다. 교인들은 그를 위해 어떻게 기도해야 하는지에 대한 문제를 언급하면서 "기적이 일어나도록 기도해야 할까요?"라고 물었다. 반드시 그럴 필요는 없다. 그는 하나님이 기적을 행하실 수 있는 분이시라는 사실에는 추호도 의심이 없다고 말했다. 또한 기적을 행하시는 하나님은 처음부터 암이 생기기 않도록 막으실 수도 있었을 것이다. 그는 의사들이 적절한 치료 방법을 찾는 일에 지혜를 가질 수 있도록 기도해달라고 부탁했다. 그리고 그는 하나님의 선하심에 대해 이야기하면서 장기적으로 볼 때 그에게 생긴

암도 결국은 그에게 유익이 될 것이라고 말했다. 그는 또 자신의 삶이 몇 개월 또는 몇 년이 아니라 몇 주 내에 막을 내릴 수도 있다는 사실을 인지하고 있었다. 그리고 몇 개월 후에 그는 숨을 거두었다.

보이스 박사의 말을 생각하면서 나는 위로를 받을 수 있었고 또 겸허해질 수 있었다. 그의 믿음이 빛을 발하고 있다. 그리고 바울 사도가 로마서 8장 26절에서 말하고 있는 '연약함 속에서 빛나는 믿음'을 보여주고 있다. 보이스 박사는 갑작스런 간암이라는 곤경을 통해 하나님이 이루고자 하시는 일이 무엇이었는지 알지 못했다. 아마도 하나님이 그를 치유해주실 수도 있었을 것이다. 그러나 보이스 박사는 곧 천국에 있는 집으로 갔다. 그는 암 말기라는 사실이 밝혀진 상황에서도 하나님은 선하신 분이라는 사실을 여전히 확신했다. 그러나 그 외에는 자신의 질병에 대해 그 어떤 것도 확신하지 않았다.

우리도 대부분 다 그렇다. 특정한 상황에서 하나님이 하시려는 일에 대해 우리가 절대적으로 확신할 수 있는 경우는 거의 없다. 우리가 원하는 것을 하나님께 말씀드린 후 우리는 "그러나 하나님 아버지, 저는 하나님이 원하시는 것을 알지 못하지만 그 뜻이 이루어지기를 바랍니다. 이런 상황에서 제가 원하는 것이 이루어지지 않는다 할지라도 저는 하나님이 최선을 알고 계시다는 사실을 굳게 믿습니다"라고 고백할 수 있어야 한다.

고등학교 교사인 친구가 내게 1998년 4월에 게리 올슨 Gary Olson

이 연설한 내용을 녹음한 테이프를 건네주었다. 게리는 우리 교회의 장로였고 여러 해 동안 오크 파크 리버 포레스트Oak Park-River Forest 고등학교의 수석 럭비 코치였다. 그가 그 연설을 한 것은 1997년 심장 수술을 받고 8개월이 지난 후였고, 1999년 11월 갑자기 세상을 떠나기 일 년 반 전이었다. 그 연설에서 게리는 크리스천 코치들에게 인생의 어려운 시기를 어떻게 감당해야 하는지를 이야기했다. 그는 1980년대 초에 자신이 폐암에 걸렸던 일을 언급하면서 이야기를 시작했는데, 그 일을 계기로 그는 그리스도를 만났다. 그리고 1989년 그의 아내 돈Dawn에게 생명을 잃을 뻔한 끔찍한 사고가 일어났다. 게리는 아내를 돌보기 위해 코치 자리에서 한동안 물러나 있었다. 그러나 가장 힘들었던 일은 1997년에 일어났다. 그해 8월 그는 럭비 경기 도중 쓰러져 병원으로 실려갔고, 의사들은 그의 심장이 비대해졌다는 사실을 알아냈다. 며칠 후 그는 결함이 있는 심장 판막을 대체하는 수술을 받았다. 그리고 거의 동시에 다른 가족들에게도 위기가 닥쳤다. 한두 달 후 그의 어머니가 뇌출혈로 갑자기 돌아가신 것이다. 모든 상황이 그가 감당하기에 너무 벅차 보였다. 그때 그는 목사에게 전화를 걸어 "어떻게 기도해야 합니까?"라고 물었다. 그러자 목사는 "주님, 자비를 베풀어주십시오. 하나님, 자비를 베풀어주십시오. 예수님, 자비를 베풀어주십시오"라고 기도하라고 권면했다.

    나는 이 대목에서 미소를 지었다. 그가 언급한 목사가 바로 나였고, 나는 그 일을 잊고 있었기 때문이다. 하지만 한순간 모든 기억들이 되살아났다. 나는 깊이 생각하지 않고 즉석에서 그렇게 대답했었다. 그러나 되돌아보면 그것은 성경을 근거로 한 대답이었다. 우리는 그저 하나님과 예수님께 간청하는 것 외에 아무것도 할 수 없는 때가 많다.

성령의 도우심

성령은 우리를 위해 중보하신다

로마서 8장 26절은 계속해서 "오직 성령이 말할 수 없는 탄식으로 우리를 위하여 간구하시느니라"고 말하고 있다. 우리에게는 성령의 도우심이 필요하다. 왜냐하면 우리는 어떻게 기도해야 하는지 모르기 때문이다. 우리가 기도할 수 없을 때 성령께서 우리를 위해 기도하신다. 우리의 연약하고 무지하기까지 한 기도를 성령께서 천국의 언어로 바꾸어 하나님께 올려드린다.

그 일이 어떻게 일어나는지를 정확하게 알고 있는 사람은 아무도 없다. 그것은 하나님과 성령 사이에서 일어나는 일이기 때문이다. 그러나 그 일이 어떻게 일어날 수 있는지를 상상해볼 수는 있다. 가령 우리가 새로운 직장을 달라고 기도할 때 성령께서는 "아버지 하나님, 그가 중압감에 눌려 지쳐 있기 때문에 다른 직장을 원하는 것 같습니다. 그러나 그가 하나님을 전적으로 의지하는 것을 배우게 되는 것이 하나님의 뜻이라는 것을 저는 알고 있습니다.

그러므로 하나님 아버지, 지금은 그에게 새로운 직장을 허락해주지 마십시오. 대신 그에게 그 어려움을 감당할 수 있는 힘을 주시고 그를 격려해줄 수 있는 영적 멘토들을 보내주십시오"라고 중재하실 것이다. 그리고 성령은 언제나 하나님의 뜻대로 기도하시기 때문에 그 기도는 응답되는 기도가 될 것이다.

성경 주석가인 매튜 헨리Matthew Henry는 성령이 "자비를 구하는 간청을 하게 만든다"라고 말했다. 성령은 우리로 하여금 기도하고 싶게 만드시고, 어떻게 기도해야 하는지를 가르치시며, 우리가 기도하는 동안 우리를 도우신다. 그리고 우리가 전혀 기도할 수 없을 때에도 성령은 우리를 위해 하나님 아버지께 기도하신다. 이 얼마나 복된 약속이며 격려인가! 때때로 우리는 혼란스럽고, 걱정스러워서 서두르고 조급해하며 긴장과 피곤함으로 아무 말도 할 수 없을 때가 있다. 그러나 가장 좋은 기도는 들리지도 않고 심지어는 입 밖으로 나오지도 않는 기도다. 상한 마음에서 나오는 그런 기도는 말로 표현할 수 없는 탄식을 들으시는 하나님께 그대로 상달된다.

성령은 하나님의 뜻에 따라 간구하신다

하나님이 마음속 깊은 곳에서 나오는 탄식들을 들으신다는 것을 어떻게 알 수 있는가? 로마서 8장 27절은 하나님이 끊임없이 우리 마음을 감찰하신다고 선언하고 있다. "마음을 감찰하시는 이가 성령의 생각을 아시나니 이는 성령이 하나님의 뜻대로 성도를 위해 간구하심이니라." 하나님이 성령의 생각을 아시기 때문에 완전한 친밀감과 조화가 이루어진다. 우리 안에 거하시는 성령과 하늘에 계시는 하나님 아버지 사이에는 그 어떤 모순도 없다. 우리를 위해 중보하실 때 성령은 언제나 하나님의 뜻대로 간구하신다. 그러므로 우리가 기도할 때 그리고 우리 마음속에 있는 것들을 말할 때 성령께서 "저 기도를 통해 그가 정말로 하고 싶은 말은… 입니다. 그가 좀 더 하나님의 뜻을 잘 알았더라면 그는… 라고 구했을 것입니다. 그는 예수님처럼 되고 싶어합니다. 그리고 그것은 그녀에게 꼭 필요한 것입니다"라고 하나님 아버지께 아뢰신다.

하나님께서는 우리의 가장 깊은 열망들을 알고 계신다. 때때로 우리는 '말로 표현할 수 없는 간구'에 대해 이야기한다. 예전에는 기도 시간이면 예배 리더들이 "말로 표현할 수 없는 기도 요청을 가진 분이 얼마나 됩니까?"라고 묻곤 했다. 그러면 대부분의 사람들이 손을 들었다. 말로 표현할 수 없는 기도는 우리에게 너무나 소중하기 때문에 공개적으로 언급하기 힘든 기도다. 때로는 눈물을 흘리지 않고는 언급할 수조차 없을 때도 있다. 로마서 8장 27절은 우리에게 하나님께는 '말로 표현할 수 없는 간구'란 있을 수 없다는 사실을 상기시켜준다. '예수께서 우리의 모든 연약함을 아시네'라는 오래된 복음성가가 있다. 맞다. 예수님은 우리가 구하기 전에 우리에게 필요한 것이 무엇인지를 알고 계신다.

성령의 조율하심

로마서 8장 26-27절에는 놀라운 격려가 들어 있는데 처음에는 그 격려가 잘 보이지 않을 수도 있다. 우리의 시련과 불확실성, 기도하려는 노력, 의심과 혼란, 미래에 대한 염려, 이런 것들은 우리의 연약함을 보여준다. 그래서 우리가 혼자서 모든 것을 해결할 수 있다는 생각을 버리고 우리의 완전한 무력함을 드러내게 된다. 또한 우리의 무능력함을 직시하게 된다. "나는 내가 생각하는 것처럼 그렇게 강하지 않다. 나는 천하무적이 아니다"라고 시인하게 되는 것이다. 성령께서는 우리에게 필요한 것을 보시고 우리를 돕기 위해 우리와 함께하신다. 삼위일체의 삼위이신 성령께서 우리가 연약할 때 우리를 위해 아들(삼위일체 하나님의 두 번째 위이신 분)의 이름으로 아버지(삼위일체 하나님의 첫 번째 위이신 분)께 기도하신다. 그것은 하나님이 그분의 자녀들을 위해 하나님의 이름으로 하나님께 기도하는 것을 의미한다. 이것이 정말 놀라운 일이다. 따라서 우리에게 정말 중요한 문제를 앞에 놓고 간절하지만 무슨 말을 어떻게 해야 할지 알 수 없을 때 그리고 그저 "아, 하나님!" 이라고 외치는 것 외에는 아무것도 할 수 없을 때 염려하지 말라. 우리를 위해 기도하시는 분이 계시다는 것만으로 충분하기 때문이다.

우리는 예수님께서 하늘에서 우리를 위해 기도하신다는 것을 알고 있다롬 8:34절 참조. 그러나 그 이상이 있다. 우리가 완전히 기진맥진했을 때 그리고 더 이상 아무 말도 할 수 없을 때, 성령께서 우리를 위해 기도하실 것이다. 우리가 연약할 때 성령께서는 강하시다. 우리가 말할 수 없을 때 성령께서 우리를 위해 말씀하신다. 절박한 마음으로 하나님께 부르짖을 때, "하나님, 무슨 말을 해야 할지 모르겠습니다. 어떻게 기도해야 할지 모르겠습니다"라고 말할 때 성령께서 우리에게 오셔서 "염려하지 말아라. 내가 널 위해 기도할 것이다"라고 말씀하신다.

로마서 8장 26-27절을 공부하면서 나는 마틴 루터로부터 도움을 얻을 수 있었다. 그는 거의 500년 전에 쓴 글을 통해 우리가 구하는 것과는 정반대되는 결과를 얻게 될지라도, 이것이 전화위복이 되어 좋은 일이 될 수 있다고 했다. 왜냐하면 그것은 성령께서 우리 안에서 일하신다는 것을 보여주는 하나의 증거가 될 수 있기 때문이다. 우리는 "주님, 이러저러하게 해주십시오"라고 기도할 수도 있다. 그러나 성령은 "주님, 그 기도는 이런 뜻입니다. 그 기도에 주목하지 마십시오. 그가 좀 더 큰 그림을 본다면 이렇게 구했을 것입니다"라고 말씀하신다. 우리가 우리의 미약하고 제한적인 관점을 가지고 기도하는 동안 성령께서는 우리의 기도를 '수정' 해주신다. 다시 말해 잘못된 생각을 고집하는 우리의 기도 속에서도 하나님의 뜻이 언제나 이루어진다는 뜻이다. 성령께서는 하나님의 뜻이 무엇인지를 아시고 우리 마음을 감찰하시기 때문에 우리를 위해 언제나 하나님의 뜻에 부합하는 기도를 하실 수 있다. 이런 일이 일어나고 있음을 보여주는 한 증표는 하나님께서 우리가 기도한 것과는 정반대로 응답하시는 것이다.

그렇다면 우리의 기도가 헛된 것이라는 뜻인가? 결코 그렇지 않다. 기도하지 말아야 한다는 뜻인가? 그렇지 않다. 그것은 그저 타고난 인간의 연약함과 인생을 보는 시각의 한계일 뿐이다. 우리는 부분을 보지만 성령께서는 전체를 보신다. 우리는 작은 조각 하나만 보지만 성령께서는 전체를 보신다. 우리는 우리가 보는 작은 조각에 근거해 기도하고 성령께서는 완벽한 지식을 근거로 기도하신다.

우리의 반응

이 사실을 알고 난 우리는 어떤 믿음을 가져야 하는가?

1. 큰 확신을 가지고 기도해야 한다.

하나님은 우리의 말을 판단하시는 것이 아니라 우리 마음에 귀를 기울이신다. 우리는 기도하는 말 속에 들어 있는 기도의 내용을 분별시는 하나님께 기도한다. 하나님께서는 우리가 하는 말을 들으시고, 진심으로 외치는 것과 우리 기도의 저변에 숨어 있는 열망들을 이해하신다. 하나님께서는 우리가 구하는 것의 외형적인 것들은 거부하시는 한편 우리의 내면 깊은 곳에서 구하는 것을 주실 수도 있다. 그래서 결과적으로 우리가 구한 것은 아니라 할지라도 우리가 정말로 원하는 것을 얻게 된다.

2. 우리의 구원이 하나님 한 분께만 있다는 사실을 기억해야 한다.

로마서 8장은 삼위 하나님이 우리 구원에 모두 관여하신다고 가르치고 있다. 우리는 하나님이 우리의 기도를 들으신다는 것을 알고 있다. 그리고 로마서 8장에서 우리는 또 예수님이 하늘에서 우리를 위해 중보하시고 성령이 땅에서 우리를 위해 중보하고 계신다는 것을 알 수 있다. 이보다 더 좋은 일이 또 어디 있겠는가? 우리에게는 하늘에 계시는 하나님과 그 우편에 계시는 예수님과 우리 안에 거하시는 성령이 계신다. 우리가 영원히 안전한 것도 다 그 때문이다. 크리스천이 지옥에 가려면 성령께서 중보하시는 일이 실패해야만 한다. 우리는 연약할 수도 있다. 그러나 성령께서는 지금 이 순간에도 우리를 위해 기도하고 계신다.

삼위 일체 하나님이 베푸시는 구원:
하나님이 우리를 부르셨다.
예수님이 우리를 구원하셨다.
성령께서 우리를 위해 중보하신다.

그런데 우리가 어떻게 지옥에 떨어질 수 있겠는가? 우리의 구원은 삼위일체 하나님이 하신 일에 근거를 두고 있다. 우리가 영원히 지옥에 떨어지기 위해서는 아버지, 아들, 성령 이 세 분 모두 실패하셔야 한다. 그러나 그런 일은 결코 일어나지 않는다. 삼위일체 하나님이 실패하시는 것보다는 태양이 그 빛을 발하지 않게 되는 것이 더 쉽다. 행성들이 그 궤도에서 후진하고 시간이 거꾸로 흐르는 것이 하나님이 실패하시는 것보다 더 쉬울 것이다. 하나님의 이러한 은혜로 말미암아 하나님의 모든 양 떼들이 천국에서 그 모습을 나타낼 것이다. 한 마리도 잃어버리는 일이 없을 것이다. 하나님은 그들을 아신다. 하나님은 그들의 이름을 부르신다. 그리고 결국 그들은 양 우리 안에서 모두 안전하게 될 것이다.

확신으로 얻는 특권

로마서 8장 26-27절은 우리가 낙심하고 고통받을 때, 우리의 절망이 너무 깊을 때, 상실감이 너무 커서 그 아픔을 이루 말로 다 표현할 수 없을 때 성령께서 "내가 다 이해한다. 내가 대신 할 것이다. 널 위해 하나님께 내가 말씀드릴 것이다"라고 말씀하신다고 증거하고 있다. 그리고 말로 표현할 수 없는 탄식으로 우리를 위해 기도하신다. 아무도 모르고 아무도 관심을 보이지 않으며 아무도 이해하지 못할 때에도, 우리 주위에서 무슨 일들이 일어나고 있는지 우리가 이해할 수 없을 때에도, 현실이 암담하고 미래가 어둠 속에 가려져 있을 때에도 하늘에서는 하나님의 아들인 예수님이 그리고 땅에서는 성령님이 우리를 위해 중보하신다. 우주를 통틀어 가장 탁월한 기도의 드림 팀이 우리를 위해 기도하고 있는 것이다. 그 팀의 한 구성원은 위에 계시고, 또 한 구성원은 아래에 계시며, 그 중간에 우리가 있다. 이 사실이 우리에게는 큰 격려가 된다.

하나님은 우리에게 기도라는 선물을 주신다. 기도가 짐이 되어서는 결코 안 된다. 오히려 우리와 우리 주변에 있는 사람들에게 무한한 복의 근원이 되어야 한다. 그리고 하나님은 우리가 언제 어디서나 무엇을 하든지 기도하는 것을 가능케 하셨다. 우리가 기도할 수 없을 때, 말이 나오지 않을 때, 무엇을 위해 기도해야 할지 알 수 없을 때, 성령께서 우리 안에서 우리를 위해 기도하신다. 이 얼마나 놀라운 특권이고 선물이며 영광인가! 그리고 우리를 위해 그런 일을 하신 하나님은 또 얼마나 놀라우신 분인가!

제7장

넘어진 사람들을
높이 들어쓰시는 하나님

최근에 나는 대학 시절 기숙사 룸메이트였던 친구로부터 – 1974년 이래로 한 번도 만난 적이 없다 – 한 통의 이메일을 받았다. 그는 이메일 서두에서 대학 동기들의 소식을 들은 적이 있느냐고 물은 뒤 몇몇 동기들의 소식을 전해주었다. 우리와 함께 대학을 다니던 한 친구는 첫 번째 결혼에 실패한 후 지금은 대학 시절 자신의 룸메이트였던 친구의 전처를 쫓아다니고 있다고 했다. 두 명의 친구 그리고 결혼 생활이 파탄난 두 커플, 대학 친구의 전처를 쫓아다니는 남자, 이들 모두 얼키고 설킨 관계였다. 그런데 여자를 쫓아다니고 있는 그 남자가 목사라고 했다.

그리고 나는 며칠 전 또 한 통의 이메일을 받았다. 신학교에서 만난 친구로부터 온 것이었다. 나는 1978년 이후 그를 만난 적이 없었다. 그는 내게 다음과 같은 의미심장한 내용의 편지를 보냈다.

우리가 사는 이 세상에서 확실한 것은 아무것도 없다. 신학교에서 우리가 같이 공부했던 사람들이 계속 신앙인으로 살아가고 있는지도 확실하지 않다. 나는 깨진 결혼 생활에 대한 이야기와 엉망이 된 사역에 관한 끔찍한 이야기를 너무 많이 듣고 있다.

이 두 이메일을 통해 나는 많은 생각을 하게 되었다. 서로를 모르는 두 친구로부터 그리고 내가 오랫동안 만나보지 못했던 두 친구로부터 거의 같은 시기에 거의 비슷한 내용의 메일을 받게 되었다는 사실이 놀랍게 느껴졌다.

성경에서도 중대한 죄를 범한 영적 지도자들의 이야기를 쉽게 들을 수 있다. 술에 취한 노아, 아내를 누이라고 속인 아브라함, 애굽 사람을 죽인 모세 등을 볼 수 있다. 그리고 간음을 행하고 자신의 죄를 덮기 위해 사람을 죽인 다윗도 있다.

그러나 하나님의 은혜로

하나님이 그런 일이 일어나도록 허락하시는 이유는 무엇인가? 훌륭한 사람들이 죄에 빠지는 것을 허용하시는 이유는 무엇인가? 그리고 그런 일을 통해 우리는 무엇을 배워야 하는가? 하나의 대답은 이미 알고 있을 것이다. 하나님은 우리가 훌륭한 사람들이 죄에 빠지는 것을 보고 이들의 실수를 거울 삼아 같은 죄를 범하지 않도록 하시려는 것이다. 물론 그렇다. 친구에게 좋지 않은 일이 일어났다는 소식을 듣고 "하나님의 은혜로 나는 그런 일을 겪지 않았다!"라고 말하는 사람들이 얼마나 많은가? 나도 여러 차례 그렇게 말했고 당신도 그랬을 것이다. 다른 사람들의 실수를 통해 우리가 교훈을 얻을 수 있다는 것은 사실이다. 그리고 그럴 수 없었다면 교훈을 얻지 못한 것을 후회하고 있을 것이다.

그러나 배워야 할 것들이 훨씬 더 많이 있다. 그리고 그것이 이 장에서 다루고자 하는 것이다. 이 장에서는 주님을 세 번씩이나 부인했던 베드로를 자세히 살펴보게 될 것이다. 먼저 그의 이야기를 가볍게 읽어보는 것으로부터 시작하자. 예수님이 십자가에 달려 돌아가시기 전날 밤에 베드로에게 하셨던 말씀을 잘 생각해보라. "시몬아, 시몬아, 보라 사단이 밀 까부르듯 하려고 너희를 청구하였으나 그러나 내가 너를 위하여 네 믿음이 떨어지지 않기를 기도하였노니 너는 돌이킨 후에 네 형제를 굳게 하라" 눅 22:31-32. 느닷없이 하신 이 말씀이 베드로에게는 분명 생소하게 들렸을 것이다. 여러 가지 면에서 베드로는 모든 제자들 가운데 가장 인간적인 사람이었던 것으로 알려져 있다. 그는 끊임없이 문제를 일으켰다. 왜냐하면 그는 모든 사람들이 생각하고 있기는 했지만 말 할 용기를 내지 못했던 일들에 대해 불쑥 말을 꺼냈기 때문이었다. 그는 자신이 지킬 수 있는 것, 그 이상을 끊임없이 약속하며 호언 장담하는 그런 사람이었다.

그 밤에도 예외는 아니었다. 예수님의 말씀을 들은 그는 그 말씀에 대단한 책망이 – 일어나지 않을 것같던 베드로의 분명한 실수에 대한 예언 – 들어 있다는 사실을 잘 알고 있었다. 그러나 베드로는 용감했다. 그래서 그는 어리석지만 솔직하게 대답했다. "주여 내가 주와 함께 옥에도, 죽는 데도 가기를 준비하였나이다"눅22:33. 그는 몇 년 후에 자신이 그 약속을 지키게 되리라는 사실을 전혀 모르고 있었다. 그러나 그날 밤에는 분명히 그 약속을 어겼다. 그가 그렇게 호언장담한 후 5시간도 채 지나지 않아 그는 그리스도를 세 번씩이나 부인하는 엄청난 실수를 저질렀다. 그것은 2000년의 세월이 지난 후에도 그에 관한 기록으로부터 지워질 수 없는 청천벽력 같은 일이었다.

예수님이 '너는 돌이킨 후에'라고 말씀하신 것을 생각해보라. 이 말씀을 '네가 회심할 때'라고 번역한 성경도 있다. 그 진술에 걸려 비틀거리는 사람들도 있다. 그러나 나는 그것이 매우 정확한 표현이라고 생각한다. 우리 주님의 말씀이 우리가 들어야 할 필요가 있는 메시지와 함께 공중에 매달려 있다. '회심하지 않은' 크리스천이 될 수 있는 가능성은 얼마든지 있다. 베드로는 구원받았다. 그러나 보다 깊은 의미에서 그는 주님이 사용하실 수 있도록 온전히 회심되지 않은 상태였다. 그리고 그것은 그가 왜 치명적인 실패를 하게 되었는지에 대한 이유를 설명해준다.

그것은 우리 모두가 들어야 할 필요가 있는 하나님으로부터 온 메시지다. 이 책을 읽고 있는 남성들에게 짧게 전하고 싶은 이야기가 있다. 우리 대부분은 하나님과 동행하고 싶어한다. 그리고 주님께 가치 있는 삶을 살고 싶어한다. 좋은 남편과 아버지가 되고 싶고, 자녀들에게 좋은 본보기가 되고 싶다. 이 세상에 빛과 소금이 되고 싶다. 그것이 우리의 열망이자 소망이고 꿈이다. 우리는 우리 아내들과 자녀들과 여자 친구들이 전혀 상상할 수 없을 만큼 간절하게 경건한 남자가 되고 싶어한다. 우리는 하나님이 우리와의 관계를 아직 끝내신 것이 아니라는 사실을 알고 있다. 어쩌면 우리 가운데 매우 어리석은 방향으로 삶이 바뀔 운명에 처해 있는 사람들도 있을 것이다. 또 이미 넘어서는 안 될 선을 넘어선 뒤 대책 없이 걱정만 하고 있는 사람들도 있을 것이다. 예를 들어 성적인 죄를 저지른 사람이 있다고 가정해보자. 그렇다면 그가 저지른 죄는 하나님과 그와의 관계를 영원히 끊는다는 것을 의미하는 것인가?

휘장 뒤를 엿봄

예수님과 베드로의 이야기는 역사의 휘장 뒤를 흘끗 엿볼 수 있게 해준다. 휘장이 걷히는 순간 우리는 인간에게 일반적으로 금지된 놀라운 장면을 볼 수 있다. 예수님이 베드로에게 하신 말씀 속에서 하나님과 사탄 사이에 벌어지고 있는 높은 수준의 협의를 볼 수 있다. 이상하게 들리는가? 내게도 그렇다. 이와 비견할 만한 이야기가 또 있다. 욥기 1장에도 그와 비슷한 장면이 기록되어 있다. 어느 날 천사들이 주님 앞에 모여 있을 때 사탄도 그들과 함께 있었다. 그러나 욥과 베드로의 이야기 사이에는 커다란 차이가 있다. 욥기 1장에서 하나님은 욥을 사탄이 과녁으로 삼을 수 있는 적절한 표적으로 제의하셨다. 누가복음 22장에서는 사탄이 베드로를 밀 까부르듯 하고 싶어한다고 적고 있다.

오래전에 도널드 그레이 반하우스Donald Grey Barnhouse가 쓴 「보이지 않는 전쟁The Invisible War」이라는 책이 생각난다. 그 불후의 작품 속에서 반하우스 박사는 선과 악, 빛과 어둠, 천사와 악마 그리고 궁극적으로 하나님과 사탄 사이에서 벌어지고 있는 오래된 전쟁을 추적하고 있다. 사탄의 목적은 모든 가능한 방법을 다 동원해서 하나님의 계획을 지연시키고 탈선시키며 훼손시키는 것이다. 그 공격들 대부분은 예수님이 십자가에 달려계신 동안 십자가 주변에서 가해졌다. 왜냐하면 그때 사탄의 결정적인 패배가 최고조에 달했기 때문이었다.

베드로의 이야기에서 우리는 우리가 받는 유혹을 더 잘 이해하는 데 도움이 되는 중요한 진리를 배울 수 있다. 유혹의 순간에 사탄이 우리에게 원하는 무언가가 있다는 사실이다. 그리고 하나님이 우리에게 원하시는 무언가가 있다는 사실도 잊지 말아야 한다. 사탄은 우리를 멸망시키고 싶어하고 하나님은 우리를 구원하고 싶어하신다. 우리는 베드로의 삶 속에서 거둔 사탄의 일시적인 승리가 결국은 어떤 방식을 통해 하나님의 훨씬 더 큰 승리로 이어지게 되는지를 볼 수 있다. 그리고 그것은 우리의 경우도 마찬가지다. 매우 쓰라린 우리의 패배가 커다란 영적 승리로 역전될 수 있다.

드러난 장면

사탄의 욕구

예수님은 "시몬아, 시몬아, 보라 사단이 밀 까부르듯 하려고 너희를 청구하였으나" 눅 22:31 라고 말씀하시며 무슨 일이 벌어지고 있는지를 분명하게 진술하셨다. '청구하다'라고 번역된 말은 헬라어로는 그보다 좀 더 강한 어조의 요구를 뜻한다. 사탄은 베드로를 발견하고 무슨 수를 써서라도 그를 무너뜨리기로 결심했다.

나는 사탄이 하나님의 자녀를 건드리기 전에 하나님의 허락을 받아야 한다는 사실에 큰 안도감을 얻는다. 때때로 크리스천들은 자신들이 사탄의 위상을 너무 많이 세워준 것은 아닌가 하는 두려움에 휩싸인다. 우리는 종종 사탄을 '하위 단계의 신' 같은 존재로, 하나님과 거의 같지만 똑같지는 않은 존재로 다시 말해서 마치 90퍼센트의 하나님의 능력과 90퍼센트의 하나님의 지혜 등을 가진 것으로 오해하는 경우가 종종 있다. 그러나 그런 생각은 성경이 보여주는 그림과는 전혀 다른 것이다. 사탄은 대단한 능력과 간교함을 지닌 피조물임에는 틀림없다. 하지만 사탄은 언제나 가장 먼저 창조된 존재로 나타나 있다. 그에게는 하나님으로부터 독립할 수 있는 힘이 없다. 그는 하나님이 그에게 허락하시는 것들만 할 수 있을 뿐이다. 마틴 루터가 설명했듯이 사탄은 '하나님의 사탄 God's Devil'이다. 한 청교도 저자는 사탄을 '하나님의 애완용 작은 개'라고 불렀다. 사탄을 그렇게 보는 것이 그를 하나님과 거의 대등한 힘을 가진 악한 세력으로 보는 것보다는 훨씬 더 성경에 가깝다. 사탄이 하나님과 대등하다면 베드로를 공격하기 전에 그가 하나님의 허락을 받아야 할 필요가 없었을 것이다.

나는 또 누가복음 22장 31절에 나오는 '너희'라는 말이 복수라는 사실에도 주목하지 않을 수 없다. 사탄은 사도들을 모두 파멸시키고 싶었지만 구체적으로 베드로만 목표로 삼아 겨냥했다. 사탄이 영적 지도자들을 집중 공격한다는 사실을 감안해볼 때 그것은 일리 있는 일이다. 사탄은 지도자 한 사람을 넘어뜨리면 다른 사람들도 곧 무너지게 된다는 사실을 잘 알고 있기 때문이다. 그래서 그는 지도자들, 곧 장로들, 목사들, 집사들, 교사들, 부모들을 쫓아다닌다.

사탄은 하나님의 백성들을 무너뜨리고 그들의 믿음이 가짜였다는 것을 입증하기 위해 그들에게 압력을 가한다. 즉, 그들을 '밀 까부르듯' 하고 싶어한다. 그렇다면 하나님이 자신의 자녀가 그렇게 고약한 상황에 처하는 것을 허락하시는 이유는 무엇인가? 그렇게 하심으로 우리가 하나님의 은혜를 전적으로 의지한다면 그런 힘겨운 상황 속에서도 살아남을 수 있다는 사실을 입증하실 수 있기 때문이다.

그리스도의 기도

베드로에게 경고하신 후 예수님은 "내가 너를 위하여 네 믿음이 떨어지지 않기를 기도하였노라"눅 22:32라고 말씀하셨다. 이 간단한 말씀 속에는 놀라운 진리의 보고가 들어 있다. 첫째, 이 말씀은 예수님이 베드로가 곧 하게 될 모든 일을 미리 알고 계셨다는 사실을 알려준다. 예수님은 베드로가 예수님을 부인하고 저주하고 거짓말을 반복하게 되리라는 것을 다 알고 계셨다. 그리고 베드로가 예수님이 고난받으시는 것을 보고 쓰라린 눈물을 흘리게 되리라는 것도 알고 계셨다. 그뿐만이 아니었다. 예수님은 베드로가 머지 않아 힘 있는 복음 전도자가 되리라는 것도 알고 계셨다. 그 모든 것을 – 교만, 무모한 허풍, 수치스러운 부인, 깨진 마음, 깊은 회개, 주님을 섬기기로 다짐한 새로운 결단 등 – 베드로가 알기 전에 다 알고 계셨다.

둘째, 베드로의 실패에 대한 예수님의 반응은 그를 위해 기도하시는 것이었다. 히브리서 7장 25절은 우리에게 그리스도가 하늘에서 우리를 위해 기도하고 계시며 우리가 완전하게 구원받은 것은 그리스도의 기도 때문이라고 말하고 있다. 우리의 구원은 하나님의 백성들을 위한 예수님의 기도에 달려 있다. 예수님은 우리 한 사람 한 사람을 위해 개별적으로 기도하신다. "주님, 마이크가 힘들어하고 있습니다. 그가 강건할 수 있도록 도와주십시오. 아버지, 샤론에게 도움이 필요합니다. 줄리오가 유혹에 빠질 것 같습니다. 완전히 파멸하지 않게 해주십시오. 미건은 옳은 일을 하고 싶어합니다. 그녀가 용기를 가질 수 있도록 도와주십시오." 높으신 하나님의 아들이 우리를 위해 기도하신다는 이 사실은 얼마나 경이로운 일인가! 예수님의 기도가 없다면 우리는 결코 성공할 수 없을 것이다.

셋째, 예수님은 베드로가 유혹을 받지 않도록 기도하지 않으셨다. 대신 예수님은 수치 속에서도 베드로가 그의 믿음을 잃지 않도록 기도하셨다. "아버지여, 사탄이 베드로를 완전히 무너뜨리기 위해 그를 밀 까부르듯 하고 있습니다. 그런 일이 일어나지 않게 해 주십시오."

우리를 향한 하나님의 계획을 보여주는 이 얼마나 놀라운 계시인가! 이것은 우리가 왜 시련의 때를 지나게 되는지 그 이유를 잘 설명해준다. 하나님은 여러 차례 우리로 하여금 우리의 실패들을 직시하게 하시고 하나님 한 분만을 신뢰할 수 있게 하신다.

베드로의 실패와 회복

예수님은 "너는 돌이킨 후에 네 형제를 굳게 하라" 눅 22:32 는 말씀으로 훈계를 마무리하셨다. 베드로는 신자였는가? 맞다. 물론이다. 그는 그리스도를 따르기 위해 모든 것을 버린 날부터 신자였다. 그러나 곧 나타나게 될 그의 충격적인 실패는 그의 삶을 파격적으로 변화시킬 전환점이 된다. 곧 실패는 하나님이 사용하시는 수단이 된 것이다.

'후에' 라는 말에 주목하라. 그 얼마나 자비로운 말인가! 그리스도는 곧 벌어지게 될 베드로의 실패를 모두 알고 계셨다. 그리고 그 이후까지도 다 알고 계셨다. 예수님은 하나님의 옆 자리로 돌아와 그 어느 때보다 강해지게 될 베드로를 내다보셨다. 신학자들은 이것을 '성도의 견인'이라는 교리로 설명한다. 그것은 그리스도를 신뢰하는 사람들은 끝까지 믿음을 지킬 것이라는 뜻이다. 오래전 나는 이 교리를 하나님의 인내와 성도의 보존이라는 말로 설명하는 사람을 보았다. 하나님이 우리를 참으시고 인내하시기 때문에 우리가 많은 시련 속에서도 안전하게 보호되는 것이다. 우리도 인내하는가? 그렇다. 그러나 하나님이 먼저 우리를 참으시고 인내하시기 때문에 우리도 인내할 수 있다. 하나님이 그렇게 하지 않으신다면 우리는 결코 인내할 수도 없고 참으려 하지도 않을 것이다.

예수님이 베드로를 다루시는 방법 속에서 두 가지 격려가 되는 사실을 볼 수 있다. 1) 예수님은 결코 베드로를 비난하지 않으셨다. 2) 그리고 결코 베드로를 포기하지 않으셨다. 예수님은 베드로가 예수님을 부인하기 오래전부터 그런 일이 일어나리라는 것을 알고 계셨다. 베드로가 무엇을 할지, 어떤 반응을 보일지 그리고 그 이후 그가 어떤 사람이 될지를 알고 계셨다. 그래서 예수님은 '너는 돌이킨 후에…'라고 말씀하셨던 것이다. '돌이킨다면'이라고 말씀하시지 않고 '돌이킨 후에'라고 말씀하셨다. 예수님은 베드로의 마음이 악하지 않다는 것을 아셨다. 그리고 끔찍한 죄를 범한 후 하나님께 되돌아오리라는 것도 알고 계셨다. 정말 놀라운 일이 아닐 수 없다. 베드로가 예수님을 믿는 것보다 예수님이 베드로를 더 믿고 계셨다. 예수님은 베드로가 해야 할 매우 중요한 일이 – "네 형제를 굳게 하라" – 있다는 사실을 알고 계셨다. 그것은 베드로의 실패와 하나님께 돌아오는 회복이 없이는 일어날 수 없는 일이었다. 베드로가 그리스도를 위해 보다 효과적으로 일할 수 있기 위해서는 그런 방법으로 일이 진행되어야 했던 것이다.

여기서 작용하고 있는 중요한 원리가 있다. 부러진 뼈는 회복된 후에 종종 더 강해진다. 치유 과정 속에 부러진 부분을 그 이전보다 실제로 더 강하게 만드는 무언가가 들어 있다. 또한 끊어진 밧줄도 노련한 사람의 손에서 다시 연결될 경우 그 이전보다 훨씬 더 강해진다.

우리의 실패도 마찬가지다. 하나님은 우리의 깨진 부분을 치유하시고 우리를 이전보다 더 강하게 만드실 수 있다. 우리가 넘어지고, 다시 넘어지고 또 넘어진다 해도 그리고 우리의 얼굴이 쓰라린 실패라는 오물과 먼지에 뒤덮인다 해도 하나님의 은혜로 우리는 패배를 딛고 일어설 수 있다.

그것이 베드로에게 일어난 일이었다. 그의 죄가 은혜로 바뀌었다. 그의 수치는 동정심으로 바뀌었고 그의 실패는 신실함으로 바뀌었다.

왜 우리가 실패하게 내버려두실까

나는 예수님이 베드로의 실패를 이미 아시고 그 일을 예언까지

하셨지만 그 일을 결코 막으려 하지 않으셨다는 사실을 앞에서 언급했다. 이 사실은 흥미로운 질문을 제기한다. 하나님은 우리가 실패하기 전에 이미 우리가 실패하리라는 것을 미리 알고 계시면서도 왜 우리를 막지 않으시는 것인가? 왜 절벽 아래로 곤두박질치도록 내버려두시는 것인가? 이 질문에 대해 다음 세 가지 대답을 할 수 있다.

1. 우리 죄의 깊이를 깨닫게 하기 위해.

우리는 절벽 위에 서 있는 한 우리의 장점을 자랑할 수 있다. 그러나 절벽에서 굴러 떨어져 멍들고 깨진 상태로 그 아래 누워 있게 되면 우리 자신의 나약함을 인정하지 않을 수 없게 된다. 나는 이것이 베드로에게 일어난 일과 우리에게 일어나는 실패를 설명해준다고 생각한다. 사탄은 종종 우리의 약점이 아니라 우리의 장점을 건드리며 우리를 공격한다. 만약 베드로에게 예수님을 부인하기 6시간 전에 자신의 강점에 대해 이야기해보라고 했다면 그는 분명히 자신의 담대함과 용기를 가장 먼저 이야기했을 것이다. 그는 아마도 "때때로 나는 난관에 빠지기도 하지만 최소한 나는 말하는 것 자체를 두려워하지는 않는다. 예수님은 예수님이 나를 필요로 하실 때 내가 언제나 그 자리에 있을 것이라는 사실을 잘 아실 것이다"라고 말했을 것이다.

그러나 사탄이 공격하자 자신의 용기를 자랑하던 사도가 일순간에 아첨꾼으로 돌변해버렸다. 예수님께 영원한 충성을 맹세했던 베드로는 위기의 순간에 그분을 배신하고 말았다. 사탄이 우리도 잘 알고 있는 우리의 약점을 공격하지 않는 이유는 무엇인가? 우리가 우리의 약점을 잘 알고 있다면 우리는 그 부분을 최대한 보호하려 할 것이다. 분노나 게으름, 정욕, 폭식, 폭음 같은 문제가 자신에게 있다는 것을 알고 있다면 그런 부분에서 실패하지 않기 위해 조심하면서 자신을 방어하려 하지 않겠는가? 그러나 장점들에 대해서는 좀 다르다. 우리는 우리의 장점들을 당연한 것으로 받아들이는 경향이 있다. 우리는 "그건 내게 문제가 안 돼. 나한테 다른 문제가 있긴 하지만 그 부분에서 만큼은 절대로 유혹에 넘어가지 않을 자신이 있어"라고 말한다.

조심하라! 빨간 깃발을 들라! 앞에 위험이 있다. 자신만만한 삶의 영역이 있는가? 그렇다면 그 영역이 사탄의 공격 표적 1호가 될 것이다. 왜냐하면 그의 공격은 우리가 가장 예상하지 못했던 영역에서 일어나기 때문이다.

그런 일이 베드로에게 일어났다. 그리고 우리에게도 조만간 일어나게 될 것이다.

2. 우리에게서 교만을 제거하기 위해.

베드로는 주님을 부인했던 그 치욕스러운 밤을 결코 잊지 못했을 것이다. 그리고 다른 사도들보다 자신이 더 용감하다며 뻐기는 일은 더 이상 없었을 것이다. 그것은 우리 모두에게도 적용될 수 있다. 우리의 실패는 야곱의 '환도 뼈'와 같다. 우리의 실패는 우리의 교만을 끊임없이 상기시켜주고, 교만으로부터 우리를 보호해주는 역할을 한다. 주님이 그런 일이 우리에게 일어나도록 허락하시는 것은 좋은 일이다. 우리는 얼굴을 땅에 묻고 넘어지면서 주님 없이는 실패할 수밖에 없다는 사실을 인정하지 않을 수 없는 것이다. 그 사실을 빨리 배우면 배울수록(결코 완전하게 배울 수는 없다 해도) 우리는 그만큼 더 나은 사람이 될 수 있다. 실패할 때 그 실패는 결코 좋은 것처럼 보이지 않는다. 그러나 결국은 그것이 우리의 자기 확신을 벗겨내는 계기가 된다. 그리고 우리는 실패를 통해 나타날 수 있는 좋은 결과를 얻게 된다.

몇 년 전 내 생애 매우 중요했던 시기로 기억한다. 나는 한순간 화를 참지 못하고 사랑하는 친구들에게 독설을 퍼부었다. 분노와 독기가 서린 내 행동에 나는 스스로 깜짝 놀랐고 두렵기까지 했다. 그런 분노가 어디서 솟구쳐나온 것인가? 한 달 후 나는 다른 주에서 열린 수련회에 참석하게 되었고 그곳에서 친한 친구 한 명을 얻게 되었다. 어느 날 밤 나는 그 친구와 늦게까지 앉아 이야기할 기회를 가지게 되었다. 그리고 순간적으로 감정을 폭발시켰던 그 사건을 자세하게 들려주었다. 그 이야기를 하는 동안 나는 그 분노가 다시 솟구치는 것을 느낄 수 있었다. 이야기를 다 들은 그 친구는 "레이, 자넨 운이 좋은 사람이야. 자네에게 일어났던 그 일은 하나님의 은혜를 보여주는 하나의 신호야"라고 말했다. 그의 말은 나를 당황스럽게 했다. 이 친구가 내 이야기를 제대로 이해하기는 한 것일까? 그러나 그는 나보다 나를 더 잘 알고 있었다. "하나님이 자네가 그렇게 분노하는 것을 허락하시면서 그분의 은혜를 자네에게 보여주신 거야."

그러나 내가 감정을 폭발시킨 것이 어떻게 하나님의 은혜로 인한 행동이 될 수 있겠는가? 그 친구는 계속해서 "오랫동안 자네는 자신의 삶을 완전히 통제하고 있는 사람이라는 이미지를 가지고 있었을 걸세. 겉으로 보기에 자네는 편안한 사람처럼 보였을테지. 자네를 잘 모르는 사람들은 자네를 보며 세상 걱정이 하나도 없는 사람이라 생각했을 거야. 그리고 그건 자네가 그렇게 자네의 인상을 만들어왔기 때문이지. 왜냐하면 그런 인상 때문에 자네는 사람들의 인기를 얻을 수 있었고 또 사람들이 자네를 쉽게 좋아할 수 있었기 때문이지. 그러나 사실은 그렇지 않았던 걸세. 자네 마음속에는 펄펄 끓는 가마솥이 들어 있었어. 다만 자네는 오랫동안 그 가마솥의 뚜껑이 열리지 않도록 눌러왔던 거야. 그러나 그날 그 뚜껑이 열렸던 것일세. 그 전날 누군가가 자네에게 '화를 잘 내세요?'라고 물었다면 자네는 웃으면서 "아니, 별로요"라고 대답했을 거야. 그런데 이제는 더 이상 그렇게 말할 수 없게 됐지"라고 말했다.

그리고 그는 크리스천의 삶에 관한 중요한 진리를 설명했다. "그리스도 안에서 자라면서 우리는 자신은 절대 범하지 않을 죄들이 있다고 생각할 때가 있어. 다른 사람들에게 그렇다고 말하지는 않겠지만 우리는 마음속으로 '나는 그런 짓은 절대 하지 않을거야'라고 생각하지. 바로 그런 일이 자네에게 일어난 걸세. 너무나 오랫동안 덮어두었기 때문에 그런 분노가 자네에게서 사라졌다고 생각하고 있었던 거야. 그러나 일격을 가할 수 있는 기회가 오기를 기다리며 풀숲에 숨어 몸을 사리고 있는 뱀처럼 그 죄가 자네 속에 똬리를 틀고 있었던 걸세."

그리고는 예리한 말로 마무리했다. "그날, 하나님이 그 뚜껑을 여시고 자네 마음속에 있는 타락한 부분을 세상에 공개하셨어. 그래서 그 이후 자네는 '난 화를 잘 내지 않아요'라고 도저히 말할 수 없게 된 거지. 하나님이 자네가 친구들에게 그런 끔찍한 말을 하도록 허락하시고 다시는 진짜 자네가 아닌 사람처럼 가장할 수 없게 만드신 걸세. 그러니까 그게 바로 자네 안에서 일하시는 하나님의 은혜지." 나는 그의 말이 전적으로 옳다고 생각한다. 하나님은 위기의 순간에 내가 실패하는 것을 허락하셨고, 그렇게 하심으로써 내가 전에는 결코 보지 못했던 나의 일부를 보게 하셨다.

그것이 하나님이 베드로를 위해 하신 일이었다. 베드로가 자신의 용기를 자랑하는 일은 다시 없었을 것이다. 대신, 그는 왜 겸손해야 하는지를 이야기하게 되었을 것이다.

3. 더 큰 일을 할 수 있도록 우리를 준비시키기 위해.

우리는 베드로가 하나님의 일으키심을 경험하기 위해 그가 넘어졌어야 했다는 사실을 이해할 수 없다. 실패는 베드로가 했다. 그러나 그가 회복된 것은 주님의 자비로운 손길을 통해서였다. 쓰러지는 일이 먼저 일어나지 않고는 일어서는 일도 일어날 수 없다. 그리고 실패는 넘어졌다 일어서지 않고는 결코 감당할 수 없는 일, 곧 다른 사람들을 섬기는 일을 할 수 있는 자격을 우리에게 부여해준다. 나는 비록 이혼의 아픔을 겪었지만 하나님의 은혜를 경험하고, 자신과 같은 고통을 겪고 있는 사람들을 돕는 일에 크게 쓰임받고 있는 사람들을 많이 보았다. 또 한때 마약 중독자, 술 중독자, 성 범죄자 및 범법자였던 사람들 중에도 그런 사람들이 많이 있다. 하나님은 척 콜슨Chuck Colson을 감옥에 보내시고 교도소 선교회Prison Fellowship를 설립하는 데 그를 사용하셨다. 우리는 이 원리에 조금도 놀라서는 안 된다. 하나님이 하나님이시라면, 그 어떤 것도 낭비되는 것이 아니라면 그리고 최악의 순간들과 가장 처절한 실패도 우리를 위한 하나님의 계획 가운데 하나라면, 우리의 실패는 우리가 경험한 것과 같은 실수로 인해 고통받고 있는 사람들에게 다가갈 수 있는 도약대가 될 것이다. 나는 과거에 매춘부였지만, 지금은 매춘의 수렁에 빠진 여성들을 섬기고 있는 크리스천을 알고 있다. 낙태한 여성들은 자신들과 똑같은 실수를 범한 다른 여성들을 어떻게 도와야 하는지 알고 있다.

물론 그렇다고 해서 죄가 정당화될 수 있는 것은 결코 아니다. 죄는 여전히 죄이고 불순종은 잘못된 것이다. 그리고 오만하게 우리 생각대로 나아갈 때 우리는 값비싼 대가를 치르게 된다. 그러나 다른 사람들을 영원히 도울 수 없는 부적격자로 우리를 전락시킬 수 있는 죄는 없다. 하나님의 은혜는 그만큼 크다. 우리의 죄는 우리가 공개적으로 영향을 미칠 수 있는 위치에서 우리를 격리시킬 수 있다(그리고 때로 그렇게 되어야 한다). 그리고 그 죄 때문에 우리와 우리 가족이 고통을 겪을 수도 있다. 그러나 주님을 따른다면, 결국 하나님이 우리를 결코 멸망시키지 않으신다는 사실을 알게 될 것이다. 오히려 우리가 우리 자신을 낮추고 새로운 방법으로 하나님을 섬길 수 있도록 준비시키기 위해 하나님이 우리를 깨끗하게 하고자 하셨음을 알게 될 것이다.

하나님은 큰 일을 이루시기 위해 종종 깨진 사람들을 사용하신다. 성경 속에 등장하는 많은 하나님의 사람들도 깨진 모습이었다.

술에 취했던 노아
아내를 누이라 속였던 아브라함
사기꾼이었던 야곱
애굽 사람을 죽인 모세
창녀였던 라합
간음했던 다윗
교회를 핍박했던 바울
그리스도를 부인했던 베드로

베드로는 예수님을 부인한 후에 그 전보다 그리스도를 위해 더 많은 일을 했다. 실패하기 전에 그는 요란하고 떠들썩하며 미덥지 못한 허풍쟁이였다. 그러나 실패한 후 그는 그리스도를 전하는 열정적인 복음 전도자가 되었다. 그는 여전히 베드로였지만 완전히 달라졌다. 사탄의 체에 걸려 분류되었고, 사탄에게 까불림을 당했으며, 그 결과 그에게 있던 쓸데없는 깎지들이 벗겨져 날아갔다.

베드로가 그의 실패를 통해 잃은 것들:
허영심
교만
자기 자신에 대한 과신
성급한 충동
변덕

베드로가 그의 회복을 통해 얻은 것들:
겸손
하나님을 향한 새로운 확신
검증된 용기
예수 그리스도를 섬기려는 새로운 결단
다른 사람들을 돕기 위해 자신의 경험을 사용하려는 자발적 의지

베드로가 잃은 것들은 그에게 사실 필요하지 않은 것들이었다. 그리고 실패 외에 다른 방법을 통해서는 얻을 수 없는 것들을 얻게 되었다. 그와 마찬가지로 하나님은 우리를 파멸시킬 수 있는 것들을 제거하시고, 하나님이 사용하실 수 있는 자질들로 채워주심으로써 실패로부터 우리를 회복시키신다.

상함을 통해 배울 수 있는 교훈

어젯밤 한 친구가 우리 집에 잠시 들렀다. 대화 중에 그는 어려움을 겪고 있는 우리 교인인 한 가정을 언급했다. 나는 우리가 교인들의 사정을 있는 그대로 다 알게 된다면 소리를 지르며 달아나게 될 것이라고 그에게 말했다. 나는 모든 교인들의 문제를 속속들이 다 알지 못하는 것을 다행으로 생각한다. 우리는 모두 깨진 사람들이라는 사실을 직시하자. 어떤 사람들은 자신의 상처를 교묘하게 감춘다. 그러나 우리 모두에게는 베드로와 같은 모습이 있다. 그리고 그 때문에 베드로의 이야기에 우리 모두 공감할 수 있는 것이다.

예수님이 베드로에게 하신 말씀을 통해 우리는 무엇을 배워야 하는가?

1. **겸손의 가치** 예수님이 친히 선택하셨던 핵심 제자인 베드로는 '예수님을 부인하라' 는 사탄의 유혹에 굴복했다. 우리들 중 그 누구도 "나는 절대 사탄의 유혹에 빠지지 않는다"고 주장할 수 없다. 베드로는 악인이 아니었다. 그러나 그는 연약했고 자신이 얼마나 연약한지를 뒤늦게서야 깨달았다. 어느 정도의 겸손은 늘 필요하다. 당신이 생각하는 것처럼 당신이 그렇게 쓸모 있는 사람은 아니다… 그리고 나 역시 그렇다.

2. **서로에게 인내하기** 당신과 가깝게 지내는 크리스천들이 당신을 실망시킬 때 놀라움과 충격에 빠지게 된다. 그러나 정석대로라면 그들이 우리를 실망시키지 않을 때 놀라야 한다. 우리의 기대를 현실적인 수준으로 낮춘다면 분명히 우리는 더 행복할 수 있다. 서로를 관대하게 대하는 것이 우리 모두에게 필요하다.

3. **하나님 은혜의 장엄함** 하나님의 은혜를 다 이해하는 사람은 아무도 없다. 하나님의 은혜는 자신을 가치 있는 존재로 입증하고 싶어하는 인간의 깊은 욕구와 상반되는 것이다. 그래서 하나님의 은혜는 모든 기독교 교리 가운데 가장 이해하기 힘든 부분이다. 은혜는 '너는 합당치 못하다. 그러나 어쨌건 나는 너를 사랑한다' 라고 말한다. 그런 말은 듣기도 힘들고 믿기도 힘들다. 그리고 다른 크리스천에게까지 그렇게 하기는 매우 힘들다. 하나님의 은혜를 묵상하라. 하나님의 은혜에 대해 생각하라. 하나님의 은혜 속에서 안식하라. 그 안에서 기뻐하라. 하나님의 은혜에 대해 이야기하고, 그것을 다른 사람들과 나누며 찬양하라.

마지막으로 베드로의 이야기는 어디에서 나왔는가? 어떻게 그 이야기가 성경에 들어 있는 것인가? 처음에 그 이야기를 한 사람은 누구인가? 베드로의 이야기는 베드로 자신을 통해서만 나올 수 있었다. 무슨 일이 일어났는지를 말하기 위해 그곳에 있었던 사람은 아무도 없었다. 우리는 우리의 실수가 아무에게도 발각되지 못하도록 숨기려 한다. 그러나 베드로는 달랐다. 일단 회복되고 난 후,

그는 예수님이 자신을 위해 하신 일에 대해 이야기하는 것을 멈출 수가 없었다.

오직 하나님의 은혜로 전진하라

여러 해 전 하나님은 내가 영적 진보의 제 1법칙이라 부르는 몇 가지 간단한 공식들을 깨달을 수 있게 해주셨다.

나는 돌아갈 수 없다.
나는 여기 머물러 있을 수 없다.
나는 앞으로 나아가야 한다.

과거로 되돌아갈 수 없다. 좋았던 시절을 되살려낼 수도 없고 우리가 범한 실수들을 없었던 일로 되돌릴 수도 없다. 그리고 지금 있는 곳에 머물러 있을 수도 없다. 삶은 끝없이 흐르는 강과 같다. 현재 상황에 만족하거나 아니면 벗어나고 싶거나 그것이 중요한 것이 아니다. 우리는 지금 있는 곳에 영원히 머물 수 없다. 앞으로 나아갈 수밖에 없다. 실수할 때마다 되돌이킬 수도, 그렇다고 지금 있는 곳에 머물 수도 없다는 사실을 기억하라. 그리고 오직 하나님의 은혜로만 한 번에 한 걸음씩 앞으로 나아갈 수 있다는 사실을 기억하라.

베드로는 지금도 여전히 우리에게 "자신이 부족하다고 생각된다면, 주님을 부인한 것처럼 느껴진다면 내게 일어났던 일을 보라"고 말해주고 있다. 실망하지 말라. 하나님은 여전히 당신을 사랑하신다. 그리고 당신이 무슨 일을 했던지 그것을 그리 중요하게 여기시지 않을 만큼 당신을 사랑하신다. 하나님이 베드로를 용서하실 수 있었다면 그 누구도 용서하실 수 있다. 하나님은 당신을 사랑하신다. 그리고 언제나 사랑해오셨고 언제나 사랑하실 것이다.

한 친구는 자신도 베드로처럼 실수했지만 희망을 가질 수 있다고 내게 말하곤 했다. 나는 그녀에게 과거가 있는 사람들은 베드로의 이야기 속에서 위로를 찾을 수 있다고 대답했다. 그리고 우리 모두에게는 과거가 있다. 우리는 베드로처럼 큰 사랑을 받고도 어리석은 선택을 할 수 있다. 그럼에도 불구하고 나중에 해야 할 더 큰 일을 위해 구원받았고 또 구원받을 것이다. 누군가 "성도와 죄인의 차이점은 성도에게는 과거가 있고 죄인에게는 미래가 있다는 것이다"고 말했다.

우리의 과거와 현재를 용서하시는 하나님은 언제나 우리의 미래도 용서하실 준비가 되어 있으시다. 용기를 내라. 실패를 향해 나아가면서도 자신이 그렇다는 사실을 아직 모르고 있을 수도 있다. 용기를 내라. 당신이 죄를 범하는 것을 허락하실 만큼 당신을 사랑하시는 하나님이 당신을 다시 일으켜 세우실 것이다.

우리 모두에게 무엇보다 좋은 소식이 있다. 하나님은 깨진 것을 모아 다시 회복시키는 일의 전문가이시다. 교회는 하나님의 은혜를 발견하고, 깨진 사람들에게 그 은혜를 어디서 찾을 수 있는지를 말해주는 깨진 사람들의 집합체다. 세상은 깨진 것들을 모아 내다 버린다. 그러나 하나님은 그것들을 모아 다시 회복시키신다. 깨지고 상했다고 실망하지 말라. 예수님을 붙들고 계속 그분을 신뢰하라. 마침내 베드로처럼 될 것이다. 회복되고, 새롭게 되고, 하나님을 다시 섬길 수 있도록 준비될 것이다.

제8장

의심하는 사람들 앞에 친히 나타나시다

기적을 믿는가? 진짜 구식인 하나님의 행동들을 믿는가? 대부분의 사람들은 즉각 "그렇다. 나는 기적을 믿는다"고 대답할 것이다. 그리고 나도 그렇게 말할 것이다. 그러나 얼마나 많은 기적들을 보았는지 묻는다면 당신은 아마도 "글쎄요. 잘 모르겠어요. 산다는 게 다 기적이 아닌가요?"라고 얼버무릴 것이다. 아니면 "어젯밤에 소득세 신고서를 다 작성했어요. 그것도 기적 아닌가요?"라고 말할 수도 있을 것이다.

이 두 가지 대답은 우리가 기적이라는 단어를 어떻게 사용하고 있는지를 잘 보여주는 예다. 그러나 그 기적은 내가 "기적을 믿으십니까?"라고 물을 때 의미하는 그것이 아니다. 나는 삶에서 일어나는 놀라운 사건들이나 마침내 완수할 수 있었던 어려운 일들을 생각하고 있는 것이 아니다. 내가 말하는 기적은 이상하게 보이는, 일상에서 잘 일어나지 않는 사건들을 말하는 것이다. 아마 당신은 "아, 그런 기적이요? 물론 그런 기적도 믿죠"라고 대답할 것이다. 그러나 그런 기적은 잘 일어나지 않는다. 그리고 그런 기적이 일어난다 해도 잘 믿기지 않는다. 왜냐하면 한편으로는 그런 일이 잘 일어나지 않기 때문이고, 또 한편으로는 그런 기적들에 대해 우리가 설명할 수 없기 때문이다. 성경에서도 그런 기적이 일상적으로 늘 일어났던 것은 아니었다.

예수님의 부활은 일종의 기적이었다. 인간적인 또는 자연적인 방법으로는 도저히 설명할 수 없는 사건이었다. 그 일이 어떻게 일어났는지 우리는 확실히 알지 못한다.

당신은 기적을 믿는가? 모든 기적들 가운데 가장 큰 기적, 예수 그리스도의 부활을 믿고 있는가? 만일 이 질문에 "아니요"라고 대답하거나 "잘 모르겠어요"라고 대답한다면 당신은 좀 더 다수 쪽에 속해 있는 것이다. 오늘날 자신이 부활을 믿고 있는지 아닌지를 잘 확신하지 못하는 사람들이 많이 있다. 첫 번째 부활절 날에도 부활을 확신하지 못했던 사람들이 많이 있었다. 베드로, 야고보, 요한, 마태, 바돌로매, 열심당원 시몬, 의심의 대명사처럼 불리는 도마 같은 사람도 처음에는 예수님의 부활을 확신하지 못했다.

도마는 정말 의심하는 사람이었는가?

이 장에서 나는 도마에 대해 자세히 살펴볼 것이다. 왜냐하면 내가 보기에 그는 이유 없이 유죄 판결을 받았던 것으로 보이기 때문이다. 그의 이야기를 연구하는 동안 내게 그의 의심은 이해할 만한 것처럼 보였다. 나는 모든 증거들을 종합하여 살펴보는 것이 그를 다른 각도에서 바라보는 데 도움이 될 것이라 생각한다. 도마에 대해 무엇을 배울 수 있는지 살펴보기로 하자.

그는 쌍둥이였다

성경은 도마에 대해 많은 것을 말해주지 않는다. 우리는 그의 고향이 어디인지 또는 그가 예수님의 제자가 되기 전까지 무엇을 했는지 알 수 없다. 그의 가족에 대해서도 전혀 알 수가 없다. 도마는 보통 '디두모라 하는 도마'라고 소개되는데 그것은 우리에게 아무 의미도 없는 말처럼 보인다. '도마'라는 이름은 쌍둥이를 뜻하는 아람어 단어에서 파생된 것이다. '디두모'는 쌍둥이를 뜻하는 헬라어 단어다. 도마에게는 쌍둥이 형이나 동생, 아니면 누이가 있었을 것이다. 그리고 '쌍둥이'는 그의 별명이었다. 초대 교회 안에서 도마의 쌍둥이가 누구였는지에 대한 상당한 논란이 벌어졌다. 마태가 그 쌍둥이였을 것이라고 말하는 사람들도 있다. 그러나 확실히 알고 있는 사람은 아무도 없다.

그는 용기 있는 사람이었다

도마가 부정적인 면으로만 기억되고 있다는 것은 상당히 애석한 일이다. 성경을 보면 그가 의심이 많았다는 것 외에도 그에 관한 많은 것들을 알 수 있다. 그는 먼저 요한복음 11장을 통해 성경 역사라는 무대에 발을 들여놓는다. 나사로가 예루살렘 근교 베다니라는 곳에서 죽었다. 그 소식을 듣게 되었을 때 예수님과 제자들은 여리고 지역에 있었다. 예수님이 베다니로 가시기로 하자 제자들은 예수님이 예루살렘 근처에 가셨을 때 유대교 지도자들이 예수님을 돌로 쳐죽이려 했던 일을 상기시켜드렸다. 그곳으로 돌아가는 것은 자살 행위와도 같았다. 그럼에도 예수님은 돌아가기로 하셨다. 그러나 제자들은 납득할 수 없었다. 그때 도마가 "우리도 주와 함께 죽으러 가자"요 11:16고 말했다. 그것은 짧지만 대단히 용기 있는 말이었다. 도마는 예수님이 예루살렘으로 돌아가신다면, 종교 지도자들이 예수님을 죽이려 할 것이라는 주장에 동의했다. 그리고 "그들이 예수님을 죽이려면 우리도 죽어야 할 것이다"고 말했다. 당신은 이런 도마에 대해 어떤 말을 할 수 있겠는가? 도마는 사랑, 충성심, 절망감, 희생, 전적인 헌신을 보여주고 있다. 도마가 앞으로 무슨 일이 일어나게 될지를 다른 제자들보다 더 잘 파악하고 있었을 수도 있다. 그리고 그 용감한 말은 훗날 도마가 품게 된 의심을 설명해주는 말이 될 수 있다.

그는 사려 깊은 사람이었다

요한복음은 십자가 사건 전에 도마를 한 번 더 언급하고 있다. 목요일 늦은 밤 다락방에서 예수님은 제자들의 발을 씻기시고 서로 사랑하라는 큰 계명을 주셨다. 유다는 예수님을 팔려는 그의 의무를 이행하기 위해 방을 나갔다. 다른 제자들은 예수님 주변에 모여 있었다. 그들은 마지막 날이 가까이 다가오고 있음을 감지하고 있었다. 예수님은 그때까지 자신과 함께했던 그 충성스런 제자들에게 다음과 같이 말씀하셨다.

> "너희는 마음에 근심하지 말라 하나님을 믿으니 또 나를 믿으라 내 아버지 집에 거할 곳이 많도다 그렇지 않으면 너희에게 일렀으리라 내가 너희를 위하여 처소를 예비하러 가노니 가서 너희를 위하여 처소를 예비하면 내가 다시 와서 너희를 내게로 영접하여 나 있는 곳에 너희도 있게 하리라 내가 가는 곳에 그 길을 너희가 알리라"(요 14:1-4).

도마는 조용히 앉아서 신중한 표정으로 열심히 듣고 있었다. 오고가는 그 모든 대화는 그가 소화하기에 벅찬 것이었다. 그리고 모호하고 불가사의했다. 그는 "주여 어디로 가시는지 우리가 알지 못하거늘 그 길을 어찌 알겠삽니이까" 요 14:5 라고 불쑥 말했다. 그 말은 아주 솔직했다. 다른 제자들은 어찌할 바를 모르고 있었다. 도마만이 뱃심 좋게 그렇게 말했다. 우리 모두 그런 사람들을 알고 있다. 그들은 이해하지 못하면 그냥 넘어가지 않는다. 이해될 때까지 계속 질문한다. 도마가 그런 사람이었다. 그리고 그것이 그의 두 번째 중요한 특성이었다. 그는 심사숙고하여 말하는 사람이었고, 충동적으로 행동하지 않는 사람이었다. 그는 사실이라고 진지하게 믿지 않는 한 믿음의 고백을 하지 않았을 것이다. 도마의 믿음은 개인적인 투쟁이라는 고뇌를 통해 얻어진 믿음이었다.

그는 전적으로 헌신하는 사람이었다

따라서 십자가 사건이 일어나기 전날 밤에 볼 수 있었던 도마의 행동은 용감하고 매우 충성되며 예수님께 깊이 헌신하는 사람의 모습이었다. 필요하다면 그는 기꺼이 자신의 생명을 내놓을 준비가 되어 있었다. 그는 인생의 어두운 측면에 있는 무언가를 보는 경향이 있었던 것이 분명하다. 그는 자신의 의심과 혼란, 두려움에 대해 매우 솔직했다. 게다가 이해하지 못하면 그냥 넘어가지 않는 그의 성격 때문에 예수님의 간접적인 대답만으로는 결코 그의 궁금증이 채워질 수 없었다.

우리도 의심했을 것인가?

우리는 첫 번째 부활절 아침이 어떠했을지 쉽게 간과하는 경향이 있다. 우리가 만약 그곳에 있었다면 우리는 예수님의 부활을 믿었을까 아니면 의심했을까? 이는 우리가 자문해볼 만한 질문이다.

당신은 사랑하는 사람이 죽은 지 사흘만에 다시 살아났다는 사실을 어떻게 하면 수긍할 수 있겠는가? 그 사람의 임종까지 지켜보았다고 생각해보라. 그런데 그 사람이 살아났다는 사실을 어떻게 하면 받아들일 수 있겠는가? 그 사실을 받아들일 수 있는 방법이 있기나 한 것인가? 그런 일은 여러 세기 동안 일어난 적이 없었다. 우리가 마태와 야고보, 요한과 함께 베들레헴에 있었다면 그 주일 아침에 발생한 그 괴소문을 믿었을 것인가? 이 질문에 대답하는 가운데 예수님을 가장 잘 알았던 사람들이 예수님의 부활 소식에 어떤 반응을 보였을지를 짐작해볼 수 있을 것이다.

처음에는 제자들 모두 믿지 않았다

제자들은 부활을 전혀 기대하지 않고 있었다. 예수님이 앞서 자신의 죽음과 부활을 예언하셨지만 제자들은 그 말씀을 이해하지 못했다. 부활은 그들이 마음으로 가장 받아들이기 힘든 일이었다. 그들은 예수님의 예언과 자신들이 용감하게 했던 말들은 모두 잊고 체념 상태에 빠졌다. 그 주일 아침에 진실로 부활을 기대했던 사람은 제자들이 아니었다. 로마 군인들에게 무덤을 철저하게 인봉하라고 설득한 것은 유대인 지도자들이었다. 예수님의 적들은 그분의 부활을 두려워하며 대비하고 있었다. 반면에 예수님의 제자들은 실낱 같은 희망도 갖지 않았다.

마가복음 16장에서는 여인들이 주일 아침 예수님의 몸에 기름을 바르기 위해 무덤을 찾아갔다고 말하고 있다. 그것은 시체가 썩지 않도록 보존하기 위한 과정이었다. 그녀들은 날이 밝자마자 미리 준비해둔 향료와 기름을 들고 예수님의 무덤을 찾아갔다. 그러나 무덤을 막았던 돌은 굴려 있었고 무덤은 텅 비어 있었다. 사복음서는 모두 이 사실에 동의하고 있다. 여자들은 예수님의 부활을 기대하지 않고 있었고, 무슨 일이 일어났는지 전혀 모르고 있었다.

마가의 기록에 의하면 여자들은 천사의 설명을 들은 후에도 두려워 떨며 무덤에서 물러났다고 말하고 있다 막 16:8 참조. 심지어 마리아는 누군가 시체를 훔쳐갔을 것이라고 생각했다 요 20:2 참조. 누가는 여자들이 사도들을 찾아가 천사에게 들은 말을 전했을 때 "사도들은 저희 말이 허탄한 듯이 뵈어 믿지 아니하나" 눅 24:11 고 덧붙이고 있다. 어리석은 소리로 들리는가? 물론이다. 채찍에 맞고 십자가에 6시간 동안이나 매달려 있다가, 창으로 옆구리를 찔리고 약 45킬로그램이나 되는 향신료가 뿌려지고 수의로 휘감긴 채 무덤에 인봉되었다가, 사흘이나 지난 후에 다시 살아나올 수 있는 사람은 아무도 없다. 그것은 불가능한 일이었다. 예수님은 좋은 분이셨다. 우리에게 소중한 분이셨다. 우리 모두 그분을 사랑했다. 그분이 훌륭한 이야기를 하시는 동안 우리는 그분과 함께 걸었다. 그리고 그분은 기적을 행하셨다. 그분이 바리새인들을 책망하실 때 우리는 흐뭇하게 웃을 수 있었고, 물고기와 떡으로 기적을 행하셨을 때 우리는 놀라움에 입을 다물지 못했다.

그리고 그분은 다시 살아날 것이라고 말씀하셨다. 우리 모두 그 말을 믿었다. 그분은 한 번도 틀린 적이 없으셨다. 그분은 자신이 하나님의 아들이라고 말씀하셨다. 우리는 분명히 그분을 그리워할 것이다. 그분이 십자가의 죽음을 피해 숨으셨더라면 정말 좋았을 것이다. 그분이 이렇게 되리라고는 아무도 믿지 않았다. 그동안 우리는 놀라운 파티를 벌였다. 마가는 제자들을 향해 "그들은 예수의 살으셨다는 것과 마리아에게 보이셨다는 것을 듣고도 믿지 아니하니라"막 16:11고 말하고 있다. 누가 그들을 비난할 수 있겠는가? 당신이 당시 그곳에 있었다면 당신은 믿었을 것인가?

도마 또한 의심하였다

요한은 예수님이 갑자기 제자들이 모인 곳에 나타나셨던 주일 아침 도마는 그 자리에 없었다고 말하고 있다요 20:19-25 참조. 성경은 그 이유를 말해주지는 않고 있다. 그러나 나는 그 이유를 알 수 있다고 생각한다. 사람들은 슬픈 일이나 재난을 당했을 때 보통 두 가지 다른 반응을 보인다. 친구들 속에서 위로를 찾는 사람들이 있다. 그들은 사람들에게 자신의 이야기를 털어놓으며 위로받기를 원한다. 반면에 혼자 시간을 가지고 싶어하는 사람들이 있다. 도마가 그런 사람이었다. 도마가 예루살렘에서 일어나게 될 일을 다른 사람들보다 더 잘 감지했다고 한다면, 그가 다른 사람들보다 더 깊은 마음의 상처를 받게 되었을 것은 자명한 사실이다. 그가 다른 제자들과 함께 있지 않았던 것은 가슴이 너무 아팠기 때문이었다. 그는 자신의 모든 것을 예수님께 드렸다. 그런데 예수님이 돌아가셨다. 그는 여전히 예수님을 사랑하고 섬기며 믿고 싶었다. 그러나 그의 마음이 상하고 깨져 있었다. 도마는 나쁜 사람이 아니고 그의 의심도 악한 것이 아니었다. 그는 단지 간절히 믿고 싶었을 뿐이다.

도마를 의심하는 사람이라고 부르고 싶을 수도 있다. 그러나 그렇다고 해서 그를 신앙이 없는 사람으로 매도하려 하지는 말라. 그를 무신론자들 가운데 한 사람으로 보려 하는 사람들도 있다. 그러나 그는 그런 무리들에 속한 사람이 아니다. 또한 도마는 회의주의자나 이성주의자가 아니다. 그의 의심은 그리스도를 향한 헌신에서 나온 것이었다. 상한 마음을 가진 사람이 품는 의심과는 질이 틀리다. 강의실에서 처녀 잉태설에 의문을 품는 것과 사랑하는 사람을 잃고 '하나님이 여전히 하늘에 계시는 것일까' 라고 의아해하는 것은 전혀 다른 것이다.

도마는 단지 믿을 수 없었을 뿐이다

영적 진리의 세계에는 두 종류의 의심하는 사람이 있다. "난 그런 거 안 믿어. 내가 그걸 믿게 만들 수 있는 것은 아무것도 없어"라고 말하는 현실적인 이성주의자가 있다. 그런 사람들은 자신들의 의심을 즐기고, 그 의심에 대해 이야기하며, 그 과정을 재미있어하지만 그들을 반박하는 사람에게는 화를 낸다. 그런 사람은 해답을 찾으려 하지 않는다. 대신 논쟁할 기회를 찾는다. 그는 어려움을 예상하고 반대 의견을 제시하는 사람들을 공격하고 허점을 찾아내려 한다. 바리새인들이 그런 사람들이었다. 그들이 예수님에게 표적을 요구했을 때 예수님은 그들의 요구를 거절하시고 그들을 '악하고 음란한 세대' 마 16:1-4 라고 부르셨다.

의심하는 사람의 또 다른 유형은 "믿을 수가 없다. 그러나 확인할 수 있다면 기꺼이 믿을 것이다"라고 말하는 사람이다. 도마는 그런 사람이었다. 그는 믿지 않는 회의론자가 아니었다. 그는 상처 입은 크리스천이었다. 도마가 일반적으로 기적을 의심하지 않았다는 사실을 기억하라. 그는 예수님이 행하시는 기적들을 많이 목격한 사람이었다. 그러나 부활은 다른 사람의 말만 듣고 믿기에는 너무 엄청난 일이었다. 그 사실을 믿기 위해서는 자신이 직접 확인할 필요가 있었다. 그런 그를 누가 비난할 수 있겠는가?

도마는 믿음을 열망하는 자들의 표상이다

도마보다 더 믿고 싶어했던 사람은 아무도 없었다. 그러나 그는 너무 많은 것을 보았고 너무 많은 것을 알고 있었다. 그리고 모든 사실들은 일관되게 한 방향을 가리키고 있었다. 도마는 부활하신 예수님을 믿기 위해서 표식이 필요했다. 그리고 자신이 보고 있는 것이 꿈이나 환상이 아니라 정말로 자신이 보는 앞에서 돌아가신 예수님이시라는 사실을 확신할 필요가 있었다. 그에게 있어서 부활이라는 엄청난 사실은 그냥 그렇게 받아들일 수 있는 문제가 아니었다. 그는 믿지 않으려 했던 것이 아니라 믿을 수 없었던 것이다.

다른 사람들의 증언에 만족하는 사람들도 있다. 그러나 또 그렇지 않은 사람들도 있다. 도마는 후자였다. 그렇다고 그가 다른 사람들의 진의를 의심했던 것은 아니다. 그는 그들이 예수님을 보았다고 믿고 있음을 알고 있었다. 그러나 그것으로는 충분하지 않았다. 도마는 그들이 유령을 보았을 수도 있다는 의혹을 떨쳐버릴 수가 없었다. 그는 간접적인 믿음에 의지해서 살아갈 수 없었다. 직접 보아야만 했다. 그가 "내 손을 그 옆구리에 넣어 보지 않고는 믿지 아니하겠노라"고 말했을 때 그 말에는 의심 이상의 의미가 들어 있었다. 사랑과 슬픔, 고통, 작은 희망의 씨앗이 들어 있었다. 도마는 확신할 수만 있다면 간절히 믿고 싶어하는 사람의 표상이 되어 왔다. 그런 그를 어떻게 비난할 수 있겠는가. 당신이라도 그렇게 하지 않았겠는가?

직접 도마를 찾아오신 예수님

3년 내내 주님과 함께하면서 도마는 '의심하는 도마' 라는 좋지 않은 평판을 얻게 되었다. 그리고 우리는 그를 경멸하는 경향이 있다. 그러나 예수님은 그렇게 하지 않으셨다. 8일이 지난 후 예수님이 제자들에게 두 번째 나타나셨다. 이번에는 도마도 그들과 함께 있었다. 예수님은 마음이 악한 사람이 아니라 믿음이 약한 사람을 대하시듯이 도마에게 말씀하셨다. 예수님은 "네 손가락을 이리 내밀어 내 손을 보고 네 손을 내밀어 내 옆구리에 넣어 보라 그리하고 믿음 없는 자가 되지 말고 믿는 자가 되라" 요 20:27 고 말씀하셨다. 우리는 예수님이 도마의 의심에 대해 다 알고 계셨다는 사실에 주목할 필요가 있다. 예수님은 도마의 마음속에 가득찬 분노를 알고 계셨다. 그리고 도마가 확신할 수 있도록 그에게 나타나셨다. 예수님은 도마를 경멸하지 않으셨다. 대신 "사실인지를 의아해하는 너희는 모두 확인해보라. 직접 보라. 그리고 의심하지 말고 믿어라"고 말씀하셨다. 놀랍게도 의심하는 사람들도 부활하신 예수님께 환영받을 수 있었다.

"기적을 믿는가?"라는 질문에 "아니요" 또는 "잘 모르겠어요"라고 대답한다 해도 환영받을 수 있다. 솔직하게 의문을 제기해도 된다. 간혹 해결되지 못한 의문을 안고 떠나게 되어도 괜찮다. 당신이 준비될 때 주님이 당신을 기다리시며 그곳에 서 계실 것이다. 우리는 때로 크리스천들이 품을 수 있는 모든 의심을 다 악한 것으로 간주하고, 교회 안에서 의심하는 사람들을 배격한다. 그리고 때때로 크리스천들은 모든 것을 다 수용할 수 있고, 모든 질문에 대한 답을 가지고 있으며, 결코 아무것도 의심하지 않는 것처럼 가장하려 한다. 그런 자세는 잘못된 시도일 뿐 아니라 슬픈 일이다. 우리는 모두 의심한다. 그리고 그 사실을 인정한다면 우리들 대부분은 훨씬 더 건강해질 것이다. 하나님은 솔직하고 진지한 사람을 환영하신다. 그리고 의심하는 사람들이 직접 그 증거를 확인해보도록 그들을 초청하신다.

이 이야기에서 알 수 있듯이 기독교는 입증할 수 있는 증거를 기초로 한다. 그리스도는 우리에게 아무 이유 없이 그냥 믿기만 하라고 강요하지 않으신다. 도마에게 증거를 확인하고 스스로 결론을 내리라고 말씀하시듯이 우리에게도 똑같은 초대를 하신다. 우리는 모든 것에 의문을 제기하도록 배운 회의적이고 세파에 찌든 세대다. 권위를 가진 사람들에게 기만당하고 대중 매체에 너무 자주 속아왔기 때문에 절대적인 진리에 대해서도 의례히 의심부터 하게 된다. 크리스천들은 예수님의 부활을 증거하는 중에 누군가 불쑥 끼어들어 "아 그래요? 어젯밤 데이빗 카퍼필드 David Copperfield 특별 프로에서 봤어요"라고 말한다고 해서 놀라서는 안 된다. 믿지 않는 사람들은 여러 세기에 걸쳐 예수님의 육체적 부활을 세상적인 지식으로 설명하기 위한 수많은 이론들을 제시해왔다. 그들은 예수님은 실제로 죽지 않았고 그저 의식을 잃었다가 무덤에서 깨어났다거나, 여자들이 다른 무덤을 본 것이라거나, 누군가가 – 로마인이나 유대인이나 제자들이 – 시체를 훔쳐갔다거나, 예수님이 죽은 체하고 마치 다시 살아난 것처럼 꾸몄다거나, 제자들이 망상에 빠져 예수님이 다시 살아났다고 상상했다거나, 예수님이 영적으로는 부활하셨지만 육체적으로는 무덤에 남아 있었다거나, 초대교회가 모든 이야기를 날조했다거나 하는 등의 주장들을 해왔다. 오늘날에도 그런 시대 착오적이고 사리분별이 없는 주장을 고집하고 있는 사람들이 있다. 우리는 모든 사람에게 예수님이 도마에게 말씀하셨던 것처럼 말해야 한다. "와서 직접 보라. 증거를 확인해 보라. 열린 마음과 생각으로 부활 사건의 기록을 읽어보라. 그리고 의심하지 말고 믿으라." 모든 증거를 종합해서 평가해보면, 성금요일에 예수님이 돌아가시고 장사되었다가 부활절 주일 아침에 다시 살아나셨다는 결론밖에 내릴 수 없다. 기독교 신앙 전체는 예수님이 죽음에서 부활하셨다는 실제적, 육체적, 물리적, 시각적 사실에 의해 좌우된다.

프랑스 대혁명을 거쳐 격동의 세월을 보낸 한 사람이 자신을 교주로 하는 신흥 종교를 만들기로 했다. 그러나 새로운 개종자를 끌어들이기가 어려웠다. 그는 고민 끝에 자신의 친구에게 조언을 구했다. 그러자 그의 친구는 이렇게 말했다. "자네가 십자가에 못 박혔다가 사흘만에 무덤에서 다시 살아나기만 한다면 자네의 그 새로운 종교는 성공하게 될 걸세." 그는 친구의 조언을 따를 수 없었고 결국 그의 종교는 사라져버렸다. 예수님은 역사 속에서 그런 자격을 갖추셨던 유일한 분이었다.

의심도 쓸모가 있다. 깊은 의심은 종종 보다 깊은 믿음의 전주곡이 된다. 나는 프레드릭 뷰크너 Frederick Buechner 가 이에 대해 설명하는 방식을 좋아한다. 그는 "하나님이 계신다고 믿든지 계시지 않는다고 믿든지 간에 아무 의심도 하지 않는다면 당신은 자신을 속이고 있는 것이거나 잠을 자고 있는 것이다. 모든 의심은 믿음이라는 바지 속에 들어 있는 개미들이다. 의심은 믿음을 깨어 있게 하고 전진하게 만든다"라고 말했다. 가장 의심을 많이 했던 사람들이 종종 가장 굳센 믿음을 가진 성도가 된다는 사실은 매우 멋진 일이다. 일단 의심이 해결되기만 하면 그 의심들은 흔들리지 않는 믿음의 뿌리가 된다. 한때 의심했던 진리보다 더 확실하게 믿을 수 있는 진리는 없다는 말이 있다. 기독교 교회 역사 속에서도 가장 의심을 많이 했던 사람들이 가장 강력한 성도가 된 것을 쉽게 확인할 수 있다. 그래서 도마의 이야기가 성경 속에 나오는 것이다. 도마의 이야기는 솔직한 의심을 가진 사람들에게 격려가 된다. 도마는 의심했다. 그리고 죽음에서 부활하신 예수 그리스도가 그의 의심을 깨끗이 씻어주셨다.

"믿음 없는 자가 되지 말고 믿는 자라 되라"

하나님이 요구하시는 것은 일관성이다. 하나님은 우리가 부활 사건에 대해서도 판단의 절차를 거칠 것을 요구하신다. 증거들을 선별하고 기록을 확인하며 결론을 내리라. 의심하는 것은 정당한 일이다. 그러나 그 의심 때문에 아예 포기하지 말라. 빈 무덤에 가서 직접 보라. 예수님을 본 도마는 그 발 앞에 엎드려 "나의 주시며 나의 하나님이시니이다" 요 20:28 고 외쳤다. 그 고백은 어떤 사도들이 했던 증언보다 위대한 것이었다. 요한복음의 절정으로 기록되고 있는 이 고백은 가장 깊이 의심했던 사람에게서 나온 고백이었다는 점에서 더 의미가 크다.

우리의 경우는 어떤가? 예수님은 결국 승천하셨다. 우리는 도마가 예수님을 직접 볼 수 있었던 것과 같은 그런 기회는 가질 수 없다. 우리의 의심에 대해서는 어떻게 해야 하는 것인가? 예수님은 우리를 위해서도 말씀하셨다. "보지 못하고 믿는 자들은 복 되도다"요 20:29. 정말 중요한 것은 그리스도가 부활하셨다는 사실이 아니라 예수님이 우리 마음속에 살아 계시다는 사실이라고 말하는 사람들이 있다. 그러나 예수님이 여전히 무덤 속에 계시다면 우리 마음속에 살아 계실 수가 없다. 성경은 "그리스도께서 다시 사신 것이 없으면 너희의 믿음도 헛되고 너희가 여전히 죄 가운데 있을 것이요" 고전 15:17 라고 말하고 있다. 일부 크리스천들을 포함해 너무나 많은 사람들이 "믿음은 당신이 사실이 아니라고 알고 있는 것을 믿는 것이다"는 믿음으로 접근하고 있다. 그것은 잘못된 방식이다. 우리 믿음은 역사적인 사실을 근거로 하고 있다. 무신론자나 불교 신자나 힌두교도나 물질주의자나 모슬렘이나 그 밖의 어떤 사람이든 간에 도마와 함께 그 방에 있었다면 그 사람도 도마가 본 것을 보았을 것이다. 죽음에서 살아나신 예수님이 실제로 그곳에 계셨기 때문에 그 사람은 그곳에서 예수님을 보았을 것이다. 우리가 그곳에 있었다면 우리도 우리 손으로 예수님의 상처를 만져볼 수 있었을 것이다.

그러나 우리는 그곳에 없었다. 우리는 2000년이 지난 지금 이 자리에 있다. 그러나 예수님은 보지 못하고 믿는 사람들에게 특별한 복을 약속하신다. 예수님이 죽음에서 다시 살아나셨다는 것을 보여주는 산술적 증거는 제시해줄 수 없다. 그러나 모든 사람이 살펴볼 수 있는 역사적인 기록이 있다. 그 기록에는 믿기로 작정한 사람들을 위한 많은 증거들이 쓰여 있다. 반면 믿지 않기로 한 사람들은 그 이유들을 어디서든 찾아낼 수 있을 것이다.

궁금한 상태로 영원히 지낼 수 있는 사람은 아무도 없다. 선택을 해야 한다. 믿든지 그렇지 않든지 간에 둘 중 하나를 선택해야 한다. 오늘이 그 선택을 하기에 가장 좋은 날이다. 의심을 떨쳐버리고 굳건한 믿음을 얻는 위대한 날이 될 수 있다.

우리는 예수님이 돌아가셨다는 것을 알고 있다. 그 일에는 의심할 여지가 없다. 그리고 예수님이 당신을 위해 돌아가셨다는 것도 알고 있을 것이다. 또 예수님이 죽음에서 부활하셨다는 것도 알고 있을 것이다. 하나님이 그런 당신에게 던지시는 질문은 이것이다. "내 아들에 대해 너는 어떤 선택을 했느냐?"

예수님은 "믿음 없는 자가 되지 말고 믿는 자가 되라"고 말씀하셨다.

제9장
임종을 앞둔 사람들에게 행하시는 기적

지금까지 살아오면서 나는 네 번의 죽음을 목격했고 그것은 내게 상당한 영향을 미쳤다. 첫 번째 죽음은 내가 중학교 1학년 되던 해에 일어났다. 그 시절 나는 둘도 없는 단짝 친구가 있었다. 나는 그 친구와 함께 그의 집 마당에서 씨름하는 것을 즐겼다. 그런데 어느 주일 아침 갑자기 아프기 시작했던 친구가 급작스레 숨을 거두었다. 나는 그 일로 인해 깊은 슬픔에 빠졌다. 우리에게는 추억이 너무 많았다. 우리는 서로의 집을 오가며 소파에 앉아 만화책을 같이 읽기도 하고, 어떨 때는 그 친구가 우리 집으로 놀러와 같이 빈둥거리기도 했다. 우리는 흔히 말하는 '베스트 프렌드'였다. 그런데 그가 세상을 떠난 것이다.

그 친구의 장례식이 있던 날 전교생이 휴교를 했다. 나는 사람들로 가득 찬 예배당으로 걸어 들어가 멀찌감치 서서 뚜껑이 열려 있는 관 속을 들여다보았다. 관 가장자리에 위치한 친구의 얼굴 윤곽만이 어렴풋이 보였다. 나는 무서워서 더는 가까이 다가갈 수 없었다.

두 번째 죽음은 대학 시절 할머니가 돌아가셨을 때였다. 팔순이 넘으셨던 할머니는 오랫동안 병을 앓으셨다. 그래서 할머니의 죽음은 그리 충격적이지 않았다. 나는 장례식에 참석하기 위해 밤에 차를 몰고 체터누가에서 네쉬빌과 멤피스를 거쳐 옥스퍼드까지 갔다. 내가 가족들의 안내를 받으며 영안실로 가는 동안 누군가가 "일을 아주 잘 처리했어. 그치?"라고 말하는 소리가 들렸다. 밖에서는 친척들이 이야기를 하면서 웃기도 하고 농담도 하고 칵테일과 커피도 마시면서 삼삼오오 모여 있었다. 고모 한 사람만 할머니의 죽음에 마음을 쓰고 있는 것처럼 보였다.

세 번째 죽음은 1974년, 간에 생긴 염증으로 아버지가 돌아가셨을 때였다. 그 또한 갑작스러운 죽음이었다. 나는 그해 10월 초 미시시피 잭슨에서 벌어졌던 럭비 경기에서 아버지를 보았다. 그리고 며칠 후 어머니가 전화를 걸어 아버지가 편찮으시다고 했다. 나는 그 소식을 듣고 놀랐는데 그것은 아버지가 다른 사람들의 병을 고쳐주던 의사였기 때문이었다. 그리고 아버지는 평소 아픈 적이 별로 없을 정도로 건강하셨다. 가족들은 아버지를 버밍엄으로 옮겼고 그곳에서 아버지는 수술을 받으셨다. 그해 10월의 마지막 두 주는 그저 희미한 기억으로 남아 있다. 나는 아내와 함께(그때 우리는 결혼한 지 석 달도 채 되지 않았다) 아버지를 보기 위해 댈러스에서 버밍엄까지 여러 차례 오갔었다. 아버지를 마지막으로 보았을 때 아버지는 혼수 상태셨고 나를 알아보지 못하셨다. 그리고 곧 돌아가셨다.

아버지의 죽음처럼 내 삶에 깊은 영향을 미친 일은 없었다. 무슨 일이 일어났는지를 '이해하기까지는' 오랜 세월이 걸렸다. 아니, '이해하기까지는' 이라는 표현보다는 '극복하기까지는' 이라는 표현이 더 적합할 것이다. 그러나 거의 30년이 지난 지금까지도 그렇게 말하는 것은 적절치 않아 보인다. 나는 아버지가 돌아가셨다는 사실을 받아들이기는 했지만, 여전히 아버지가 많이 그립고 그저 한두 시간만이라도 아버지를 다시 볼 수 있다면 그렇게 하기 위해 무엇이든 다 내어줄 수 있을 것만 같다. 지금도 아버지의 죽음이 내게 얼마나 큰 충격이었는지 말로 표현하기 어렵다. 집에서는 이런 말을 하지 않았지만, 아버지가 계시는 한 나는 안전하고 보호받고 있다고 느꼈다. 그러나 아버지가 떠나신 후 나는 세상에 혼자 남겨진 기분이었다. 어떤 면에서 그것은 설명하기 쉽지 않다. 아버지가 돌아가신 후, 세상은 내게 더 이상 안전하게 보이지 않았다.

네 번째 죽음은 몇 년 전 내 친구 게리 올슨 Garry Olson 이 갑자기 세상을 떠났을 때다. 그는 오랫동안 오크 파크 리버 포레스터 고등학교의 럭비 수석 코치였고, 또한 오크 파크에서 내가 목회하던 교회의 장로였다. 그와 나는 매우 친한 친구였다. 그와 그의 아내 돈 Dawn, 나와 내 아내 마를렌 Merlene 은 와이오밍 주 치엔느에서 함께

휴가를 보내기도 했다. 게리는 주일 1부 예배를 드리기 전에 나와 함께 기도하기 위해 매주 내 사무실에 들렀다. 나는 지금도 내가 설교하는 동안 하나님이 내게 '신선한 기름'을 부어주시도록 기도하던 그의 낮은 목소리를 들을 수 있다. 그런 그가 언제부터인가 판막 이상으로 심장이 비대해지는 질환을 앓게 되었다. 그는 매우 힘든 수술을 견뎌냈고 얼마간 별 이상 없이 지내는 듯했다. 그러나 결국 그는 자신이 일하던 고등학교로 가던 중에 쓰러졌고, 병원으로 옮겨지기 전에 숨을 거두었다.

그의 장례식에는 4천 명 이상의 사람들이 그를 애도하기 위해 찾아왔다. 그의 죽음은 우리 지역 사회를 뒤흔들어놓을 만큼 대단한 이슈였고, 수많은 사람들에게 하나님과의 관계를 다시금 생각해보게 만드는 계기가 됐다. 장례 예배에서 그리스도를 영접하는 초청을 하자 스무 명 이상의 사람들이 예수 그리스도께 그들의 삶을 드리겠다고 공개적으로 서원했다. "왜 이런 일이 일어나는 것일까?"라고 끊임없이 질문하는 가운데 나는 그 이유를 정말로 알 수 없다는 사실을 알게 되었다. 인간적인 관점에서 보면 내가 언급한 네 번의 죽음 가운데 우리 할머니의 죽음이 가장 이치에 맞는 것처럼 보인다. 그러나 내 어릴 적 친구가 왜 그렇게 어린 나이에 세상을 떠났는지 그 이유는 알 수 없다. 우리 아버지가 왜 그때 그렇게 돌아가셔야만 했는지도 알 수 없다. 아마도 하나님의 관점에서는 타당한 이유가 있었을 것이다. 그러나 보잘것없는 내 이해력으로는 그것을 헤아릴 수 없다. 게리 올슨의 죽음 역시 마찬가지다. 주위를 돌아보면 그의 때 이른 죽음 때문에 달라진 삶을 살게 된 사람들이 많이 있다. 게리의 삶과 죽음을 통해 그리스도께 돌아온 사람들은 천국에 가게 될 것이 분명하다. 그러나 이것만으로 게리의 죽음을 충분히 설명할 수 없다. 여전히 죽음은 이 타락한 세상을 다스리고 있고, 하나님이 이땅에서 그분의 목적을 이루어가시는 동안 나는 그저 하나님의 영원한 목적들 가운데 작은 한 조각만을 이해할 뿐이다. 그리고 나는 그것만으로 만족해야 한다.

죽음을 관장하시는 하나님

대답할 수 없는 질문들 때문에 힘들어하는 사람들이 있다. 그러나 나는 나이가 들수록 이 세상의 순환 원리에 대해 내가 아주 조금밖에 모르고 있다는 사실이 오히려 기쁘게 느껴진다. 게리가 세상을 떠난 후 슬프고 비통한 날들을 보내면서 나는 주님과 긴 대화를 나누었다. 주님이 "너는 내가 게리를 본향으로 데려간 것이 실수라고 생각하느냐?"라고 물으시는 것처럼 보였다. 그래서 나는 "예, 주님이 실수하신 거라고 생각합니다"라고 대답했다. 주님은 그 대답에 마음이 상하신 것처럼 보이지 않았다. 주님은 내가 그렇게 느끼고 있었다는 것을 이미 알고 계셨다. "그러니까 내가 결정을 내리기 전에 너의 의견을 물어보았어야 한다고 생각하느냐?" "예, 주님. 그렇게 생각합니다. 솔직히 저라면 그런 결정을 하지 않았을 겁니다.

하늘나라로 데려갈 다른 누군가를 찾으시라고 말씀드렸을 겁니다." 주님은 여전히 내 대답에 별 상관하지 않으시는 것처럼 보였다. "레이, 내가 무엇을 하던지 그건 합당한 이유가 있기 때문이라는 사실을 잊지 마라. 게리가 죽은 시기와 방법에 대한 완전한 책임을 내가 진다는 것을 네가 알 수 있도록 하기 위해 나는 너와 상의하지 않고 그 일을 했다."

그 대화는 전적으로 내 마음속에서 일어났지만 내게는 실제 상황처럼 느껴졌고 마음에 큰 위로가 되었다. 나는 하나님이 게리 올슨 같은 훌륭한 크리스천을 아무런 사전 경고 없이 본향으로 데려가실지라도 그분을 충분히 경배할 수 있다는 사실을 알게 되었다. 그리고 전능하신 하나님만이 오직 그렇게 하실 수 있고, 또 그 일을 하시기 전이나 하신 후에 자신을 변명할 필요가 없는 하나님만이 그렇게 하실 수 있다고 생각했다. 어떤 면에서 그 모든 신비가 결국은 내 믿음을 세워주었다. 내가 다 이해할 수 있는 하나님을 내가 왜 예배하고 싶겠는가? "깊도다 하나님의 지혜와 지식의 부요함이여, 그의 판단은 측량치 못할 것이며 그의 길을 찾지 못할 것이로다" 롬 11:33.

'다른 사람이 죽는 동안 나는 왜 살아 있는 것인가?' 몇 년 전 시카고에 있는 큰 교회의 목사가 갑자기 세상을 떠나게 되었을 때 나는 이 질문을 던지게 되었다. 나는 갈보리 메모리얼 교회를 섬기는 사람이었고, 그는 시카고 근교에 있는 갈보리 교회의 목사였다. 나는 그를 몇 차례 만났고 하나님의 사람으로서 그를 존경했다. 그가 세상을 떠났다는 소식을 듣고 나는 시편 구절을 생각했다. "주께서 저희를 홍수처럼 쓸어 가시나이다 저희는 잠간 자는 것 같으며 아침에 돋는 풀 같으니이다 풀은 아침에 꽃이 피어 자라다가 저녁에는 벤 바 되어 마르나이다"시 90:5-6. 다음 날 아침 누군가가 내게 그 목사의 부음을 알리는 라디오 방송을 들었다고 전해주었다. 그 당시 그는 아나운서가 "갈보리 교회의 목사가 갑자기 세상을 떠났다"고 말하는 부분만 듣고 내가 죽은 줄 알았다고 했다. 그 순간 나는 그게 '나였을 수도 있었을 것이다' 라는 생각을 했다. 왜 내가 아니고 다른 목사인 것인가? 나는 그 질문에 대한 해답을 찾을 수 없다.

죽음은 우리의 유한성과 우리의 연약함을 깨닫게 해준다. 그리고 우리에게 두려움을 가져다준다. 그 이유는 우리도 언젠가는 죽게 되리라는 사실을 이미 알고 있기 때문이다. 죽음은 우리를 숙연하게 만든다. 우리 자신의 삶과 우선순위, 목표, 우리 자신에 대해 생각하게 만든다. 일반적으로 우리는 그런 것들에 대해 생각하고 싶어하지 않는다. 그래서 우리는 어떻게 해서든지 죽음을 피하려고 한다. 그러나 때때로 죽음의 그림자가 우리에게 짙게 드리운다. 때로는 죽음이 우리 바로 코앞에까지 성큼 다가와 있기도 하다. 그래서 우리는 삶에 대해 진지하게 생각해보지 않을 수 없게 된다.

믿음 안에서 자란다

요한복음 4장 46-54절에는 죽어가는 아들을 둔 사람의 이야기가 나온다. 말씀에서는 그 아들이 고열이 나서 거의 죽을 지경이 되었다는 설명 말고는 병에 대한 그 어떤 단서도 찾을 수 없다. 그 아들의 이름이나 나이도 알 수 없다. 그러나 본문은 그 아들이 성인이 아니었다는 사실을 귀띔해주고 있다. 어머니에 대해서도 아무런 언급이 없다. 그러나 그의 어머니가 아버지와 함께 크게 염려하고 있었을 것이라는 사실을 미루어 짐작할 수 있다.

죽음에 대한 뿌리 깊은 두려움

부모들은 어느 날 갑자기 사고나 질병, 그 밖의 다른 이유로 자녀들과 헤어지게 될지도 모른다는 고질적인 두려움을 안고 살아간다. 자녀의 죽음보다 더 불합리하게 보이는 일은 없다. 너무나 끔찍한 일이기 때문에 우리는 그것에 대해 거의 생각할 수도 없고 또 그 일에 대해 이야기하는 것조차도 꺼린다. 우리는 자녀를 먼저 땅에 묻는 일은 결코 일어나지 않게 해달라고 간절히 기도한다. 그러나 그런 일은 일어난다. J. C. 라일 J. C. Ryle 은 성경에 가장 먼저 기록된 죽음은 아버지의 죽음이 아니라 아담의 아들 아벨의 죽음이었다고 지적한다. 바울 사도가 "사망이 모든 사람에게 이르렀느니라" 롬 5:12 고 말했을 때 그 모든 사람은 성인만을 뜻하는 것이 아니었다. 어리거나 나이가 들었거나, 가난하거나 부유하거나, 남자이거나 여자이거나 관계없이 모든 인류를 포함하는 말이었다. 죽음은 조만간 우리 모두에게도 찾아올 것이다. 그러나 죽음이 어린 자녀를 덮칠 때 그 부모는 개인적인 위기의 순간을 맞이하게 된다.

이번 주에 나는 미시시피 투펠로에 살고 있는 내과 의사인 동생 앨렌(Alan)과 통화를 하면서 이런저런 이야기를 나누었다. 앨렌은 아픈 자녀를 둔 부모는 검사 결과나 완치율, 신약, 학술 연구 조사 같은 것들에는 신경을 쓰지 않는다고 말했다. 내 동생의 말을 그대로 인용하면, 부모들은 그저 '내 아이가 괜찮아질 것인가?'라는 그 한 가지 사실만 알고 싶어한다. 다른 것은 문제가 되지 않는다. 모든 것은 그저 사소한 일이다.

믿음의 일곱 단계

요한복음 4장에서는 예수님과 대화를 나누는 중요한 사람에 대해 말해주고 있다. 그 대화 결과 그 사람은 놀라운 기적을 경험하게 되었다. 그의 아들에게 일어난 일은 행운이나 우연이 아니었다. 예수님은 그의 죽어가는 아들을 고쳐주셨다. 그 이야기의 경이로움은 예수님이 그 아이를 만나지 않으셨고, 그 아이도 예수님을 만난 적이 없다는 데 있다. 그 사건은 요한 사도가 우리를 위해 기록한 '장거리 기적(long-distance miracle)'이었다.

그 이야기는 또 사람의 마음속에서 믿음이 어떻게 자라는지를 보여준다. 우리 가운데 완전한 믿음으로 성장하여 하나님의 자녀로 거듭나는 사람은 아무도 없다. 우리는 하나님이 원하시는 믿음을 갖추기까지 다양한 단계들을 거치게 된다. 요한복음 4장은 믿음의 일곱 단계를 보여주고 있다. 절박한 상황에서 믿음이 어떻게 성장하는지를 함께 살펴보기로 하자.

1단계: 위기

"예수께서 다시 갈릴리 가나에 이르시니 전에 물로 포도주를 만드신 곳이라 왕의 신하가 있어 그 아들이 가버나움에서 병들었더니" 요 4:46.

믿음은 언제나 위기와 함께 시작된다. 모든 일이 잘 돌아갈 때는 하나님을 잊기 쉽다. 그러나 우리 주변에 문제가 생기고 어려운 일들이 벌어지게 되면 우리는 도움을 구하기 위해 갑자기 하나님을 바라보기 시작한다. 이 이야기는 '왕의 신하'라 불리는 사람을 중심으로 펼쳐진다. '귀족'이라는 말로 번역한 경우도 있다. 헬라어 원문에서는 '왕을 섬기는 사람'이라는 뜻을 가진 일반적인 용어를 사용하였다. 그것은 그가 헤롯 정부의 관리였고 갈릴리와 베레아 지역의 영주였다는 것을 의미한다. 그는 부자였고 높은 권세를 가진 사람이었다. 많은 사람들은 그에게 존경을 표하며 두려워했다. 그는 명령을 내리고 그 명령이 수행되도록 지휘하는 데 익숙했다. 그는 그가 살고 있는 지역에서 엄청난 권세를 행사하고 있었는데 그것은 그가 왕을 호위하는 책임을 맡고 있었기 때문이었다. 그가 원하는 것이 있다면 무엇이든지 할 수 있었다. 요구할 것이 있으면 그는 당당하게 요구했고 그러면 무엇이든지 그의 요구대로 이루어졌다. 사람들은 그들의 문제를 해결하기 위해 그를 찾아왔다. 그런데 그에게 자신이 해결할 수 없는 문제가 생겼다.

부귀와 권세를 가진 사람들에게도 그들 나름대로의 문제가 있다. 미소짓고 있는 모든 얼굴 뒤에는 슬프고 가슴 아픈 이야기들이 있다. 아무리 많은 돈을 가지고 있다 해도 모든 골치 아픈 일로부터 자유로운 그런 삶을 살아갈 수는 없다. 곤경은 부자나 가난한 사람이나 가리지 않고 찾아온다. 아랍 속담에 "비탄은 모든 장막 옆에 무릎을 꿇고 앉아 있는 검은 낙타다"라는 말이 있다.

앞에서 이미 말했듯이, 그 아들의 병이 정확하게 어떤 것이었는지 우리는 알 수 없다. 우리가 알 수 있는 것은 그 병으로 인해 그 아버지의 마음이 산산조각났고, 모든 진이 다 빠져버렸다는 사실이다. 거의 모든 일을 자신이 원하는 대로 다 할 수 있었던 사람이었지만, 병든 자기 아들 앞에서는 속수무책이었다. 그는 사랑하는 아들이 고열과 씨름하며 점점 더 쇠약해져가는 모습을 매일 지켜보아야 했다. "아빠, 어떻게 좀 해주세요"라고 울먹이는 아들 앞에서 그는 아무것도 할 수 없었다. 한밤중에 아들이 보지 못하는 곳에서 그는 눈물을 쏟아야만 했다.

왕의 신하는 그 무거운 짐이 변장한 '천사'라는 사실을 전혀 모르고 있었다. 그의 아들이 병에 걸리지 않았다면, 그가 예수님을 만나는 일은 결코 없었을 것이다. 하나님은 우리의 초점을 하나님께 맞출 수 있도록 종종 근심거리들을 사용하신다. 그 병을 통해 하나님은 그 사람의 전적인 주목을 받게 되었다. 나는 성경학자 A. W. 핑크A. W. Pink가 한 말을 좋아하는데 그는 "불행은 사람을 하나님으로부터 멀어지게 하는 대신 하나님께로 이끈다. 고통은 하나님이 사용하시는 치료약 가운데 하나다"라고 말했다.

의사들은 그들이 할 수 있는 일은 모두 다 시도해보았을 것이다. 그리고 결국 그들은 "더 이상 희망이 없습니다"라고 말했을 것이다. 그런 상황에서 절박해진 사람들은 최후의 조치를 취하게 된다. 절박한 상황은 필사적인 수단들을 동원하게 만든다.

그 사람은 어떻게 할 것인가?

2단계: 겸손

"그가 예수께서 유대로부터 갈릴리에 오심을 듣고 가서" 요 4:47.

그 당시 예수님은 갈릴리 지역에서 잘 알려져 있었다. 그 얼마 전에도 예수님은 물을 포도주로 바꾸는 놀라운 기적을 행하셨다. 나사렛 출신의 목수가 병든 사람을 고치는 능력이 있다는 소문은 단숨에 퍼져나갔다. 각종 병자들이 예수님을 찾아왔고, 예수님의 치유 사역에 대한 소문은 갈릴리 바다 북쪽 해변에 자리잡고 있는 가버나움이라는 작은 어촌 마을에까지 전해졌다.

이 사실은 우리를 믿음의 두 번째 단계로 데려간다. 예수님이 가나에 오셨다는 소식을 들은 그 귀족은 즉각 예수님을 만나러 갈 계획을 세웠다. 예수님을 직접 만나 아들의 병에 대해 설명하고 가버나움으로 같이 가서 아들을 고쳐달라고 요청하는 것이었다. 그는 일단 결단을 내리면 불안 가운데에서도 용기 있게 행동하는 사람이었다. 그 당시 그는 예수님이 누구인지를 잘 모르고 있었다는 사실에 주목하기 바란다. 우물가에 있던 여인처럼요 4:1-42 참조 그는 신학이라는 시험에는 통과할 수 없었을 것이다. 그러나 그는 예수님에 대해 들었고, 예수님이 자신의 아들을 고쳐주실 수 있는지를 알고 싶어했다.

그 귀족을 누가 비난할 수 있겠는가? 그는 자신의 아들을 사랑했고 아들의 병이 낫기를 바라고 있었다. 그에게 그의 아들은 온 세상보다 더 귀했다. 그는 자기 대신 종들을 예수님께 보낼 수도 있었지만 자신이 직접 예수님을 찾아갔다. 그는 예수님을 몰랐고 예수님을 만난 적도 없었다. 다만 예수님의 평판에 대해 알고 있었을 뿐이었다. 그러나 그에게는 그것만으로도 충분했다. 예수님을 만나러 가면서 그는 모든 것을 다 걸었다. 그것은 마치 도박과 같았다. 그는 아들을 살릴 수 있을지도 모른다는 한 가닥 희망을 안고 아들 곁을 떠났다. 그는 예수님이 자신의 요청을 들어줄지 여부를 전혀 알 수 없는 상황이었고, 또 그가 예수님을 만나러 가는 동안 아들이 죽을 수도 있었다. 그는 한 치 앞의 일도 모르고 있었다. 그러나 어쨌든 갔다. 그런 것이 바로 믿음이 하는 일이다.

가버나움은 갈릴리 바다 북쪽 해변가에 위치해 있었고 가나는 그곳에서 약 35킬로미터 가량 떨어진 구릉지에 있었다. 먼지 나는 길을 따라가면서 무슨 말을 할 것인지 반복해서 연습하였을 그 귀족을 상상해보라. 그는 예수님을 자기 아들의 침대까지 모셔오기 위해 그가 할 수 있는 일이라면 무엇이든지 다 할 것이라 다짐했을 것이다. 왕의 신하로서 그는 사람들을 자기 앞에 오도록 부르는 일에 익숙해져 있었다. 그러나 지금은 자신을 낮추고 예수님을 찾아가 아들의 목숨을 구하기 위해 간청하지 않을 수 없게 되었다. 그 절박한 순간에 그에게 돈이나 권세는 아무 의미도 없었다. 그의 친구들도 그를 도울 수 없었다. 그는 사랑하는 아들을 위해 빈손으로 찾아가 간절하게 애원했다.

3단계: 간청

"청하되 내려오셔서 내 아들의 병을 고쳐주소서 하니 저가 거의 죽게 되었음이라" 요 4:47.

가장 좋은 기도는 간절함에서 나오는 기도다. 사람들은 일반적으로 절실한 필요를 느낄 때까지는 잘 기도하지 않는다. 가난하지 않은 사람들은 기도하는 것을 종종 잊어버린다. 건강한 사람도 마찬가지다. 그래서 사람들은 병원에 입원하고나서야 목사를 찾는다. 사람들은 영혼의 짐을 진 채 숨을 거두고 싶어하지 않는다. 그들은 병 고침을 받고 싶어한다. 만약 고칠 수 없는 병이라면 자신이 하나님을 만날 준비가 되었는지를 확인하고 싶어한다. 곤경에 처하면 우리는 마치 물에 빠진 사람이 밧줄에 매달리듯이 그렇게 하나님께 매달린다. 그럴 경우 그 간절함은 제아무리 위풍당당한 사람이라도 머리를 조아리며 간청하는 사람으로 바꾸어놓는다. 헬라어 원문에서 '청하되'라는 말은 반복해서 요청하는 것을 뜻한다.

그 세도 높은 관리가 무릎을 꿇고 예수님께 자신의 아들이 있는 곳으로 가서 아들을 고쳐달라고 간청했다. 그런 순간에는 무신론자라도 기도하게 된다. '응급실에 가면 무신론자를 찾아볼 수 없다'고 하지 않는가. 인간적인 지지대가 모두 제거되고 나면 우리는 하나님만이 우리를 도우실 수 있다는 사실을 깨닫게 된다.

그 관리의 간청은 아주 간단하고 단도직입적이었다. 그는 아주 솔직하게 "예수님, 오셔서 내 아들을 고쳐주십시오"라고 말했다. 그뿐이었다. 형식도 서론도 의례도 없었다. 곧장 본론만을 이야기했다.

- 그는 자신이 무엇을 원하는지 알고 있었다: 예수님이 자신과 함께 가주시는 것.
- 그는 자신에게 무엇이 필요한지 알고 있었다: 아들의 병을 고치는 것.
- 그는 그것이 필요한 이유를 알고 있었다: 아들이 거의 죽어가고 있다는 것.

무엇보다 시간이 중요했다. "예수님, 지금 당장 가주십시오. 우리 아들이 언제 죽을지 모르지만 예수님이라면 우리 아이를 고치실 수 있다는 사실을 알고 있습니다." 그가 한 말에는 긍정적인 요소와 부정적인 요소가 모두 들어 있었다. 그는 예수님이 자기 아들을 고칠 수 있다고 믿고 있었지만 그의 믿음은 불완전한 것이었다.

왜냐하면 그는 예수님이 기적을 행하시려면 그 현장에 가셔야만 한다고 생각하고 있었기 때문이다. 그는 예수님이 가나가 아닌 가버나움으로 가서 기적을 행하셔야 한다고 생각했다. 그는 예수님이 아들을 고치려면 가버나움까지 35킬로미터를 되돌아가셔야 한다고 생각했다. 그러나 그렇게 생각했던 것은 용서받을 수 있는 것이었다. 우리 가운데 누구라도 아마 그렇게 생각했을 것이다.

우리는 그 관리가 예수님을 설득하기 위해 자신의 재산이나 권력을 사용하려 하지 않았고, 자신이 특별한 대우를 받아 마땅하다는 주장을 하지도 않았다는 사실에 주목해야 한다. 그는 "우리 아들은 잘생기고 재능도 많고 인기도 좋습니다"라고 말하지도 않았다. 그는 단지 아들이 죽어가고 있다는 사실만을 언급했다.

4단계: 인내

"예수께서 가라사대 너희는 표적과 기사를 보지 못하면 도무지 믿지 아니하리라 신하가 가로되 주여 내 아이가 죽기 전에 내려오소서" 요 4:48-49.

예수님의 대답은 전혀 예상하지 못했던 것이었다. 게다가 예수님의 말투에서는 무례함과 짜증스러움이 느껴진다. 예수님은 그 사람의 병든 아들에 대해서는 조금도 신경쓰지 않으시는 것처럼 보인다. 예수님은 그의 믿음을 시험하시는 중이었다. "너는 그저 기적을 바라고 나를 찾아 온 것이냐 아니면 내가 누구인지 정말 알고 찾아 온 것이냐?" 많은 사람들의 문제는 기적을 바라는 열망을 지나쳐 기적에 집착하는 중독 증세를 보인다는 점이다. 예수님이 가버나움으로 가셔서 그 아들을 현장에서 고치지 않으신 이유도 바로 그 때문이다. 예수님이 가버나움으로 가셔서 그곳에서 기적을 행하셨다면 수많은 사람들이 모여들었을 것이다. 그리고 분명히 많은 인기를 누렸을 것이다. 하지만 그들은 예수님을 하늘에서 오신 하나님의 아들로 믿는 것이 아니라, 기적을 행하는 사람으로서만 추종했을 것이다. 예수님은 기적이 마치 연일 매진되는 '순회공연'처럼 치부되는 것을 원치 않으셨다.

우리는 주님을 믿기 전에 표적과 기사를 먼저 보고 싶어한다. 그리고 '백문이 불여일견'이라고 말하기 좋아한다. 그러나 그것은 순서가 바뀐 말이다. 믿음이 언제나 기적보다 앞서야 한다. 믿으면 보게 되는 것이다. 만약 기적을 보거나 경험하고도 예수님을 사랑하게 되지 않는다면, 그것은 기적을 체험하지 아니 함만 못하다. 예수님은 그 관리를 책망하시는 것처럼 보였지만 사실상 그것은 영적인 도전을 주신 것이었다. 예수님은 그 관리의 믿음을 더 높은 단계로 끌어올리는 중이셨다. 우리는 증거를 원한다. 그러나 하나님은 믿음을 귀하게 보신다. 이상하게 들리겠지만 예수님은 그 관리의 첫 번째 요청을 거부하심으로써 그를 돕고 계셨다. 예수님은 가버나움으로 가실 수도 있었을 것이다. 아무 문제없이 그렇게 하실 수 있었을 것이다. 그러나 그렇게 하는 것이 그 사람의 믿음에는 아무런 도움이 되지 않았을 것이다.

나는 그 관리가 자신의 절박한 심경을 토로한 대목을 좋아한다.

그는 다시 예수님께 간청했다. 그는 마치 "전 그런 기사나 표적에 관한 것은 잘 모릅니다. 제가 아는 것은 당신이 내 아들을 고칠 수 있다는 것뿐입니다"라고 말하는 듯하다. 그는 그냥 돌아가지 않을 것이었다. 다음 사실에 주목하라.

> 그는 그리스도를 "주여"라고 부르며 큰 존경을 표했다.
> 그는 죽어가는 아들을 살려야 한다는 사실을 잘 알고 있었다.
> 그는 그리스도가 자신의 필요를 채워주시고, 자기 아들을 고쳐주실 것이라는 사실을 알고 있었다.
> 그는 자신이 무엇을 알고 있는지를 알고 있었고, 그에게는 그것이 중요한 것이었다.

그럼에도 불구하고 그의 믿음은 여전히 미숙했다. 그는 간청하는 데서 그치지 않고 자신의 요청에 예수님이 어떻게 응답하셔야 하는지에 대해서까지 언급했다. 그러나 누가 하나님의 조언자가 될 수 있겠는가? 그럴 수 있는 사람은 아무도 없다. 별이 총총한 하늘을 가로지르는 하나님의 길을 누가 추적할 수 있겠는가? 아무도 없다. 그 사람은 이 사실을 간과했다. 그래서 좋은 믿음이 있었음에도 불구하고 그의 계획은 실패작이었다. 즉, 그 사람의 계획 자체가 잘못된 것은 아니었지만 예수님의 계획이 아니었던 것이다. 주님에게는 그보다 더 크고 더 훌륭한 계획이 있었다.

이 장을 쓰면서 나는 믿음에 대한 멋진 정의를 발견하게 되었다. 누가 한 말인지는 모르겠지만 우리가 하고 있는 이야기와도 잘 어울리고, 절박한 상황을 맞이하게 되는 우리 모두에게 적용될 수 있는 말이다. "믿음은 불확실한 세상에서 미지의 길을 따라 미래를 향해 나아가고 있는 나를 향하신 하나님의 신실하심을 확신하는 것이다."

5단계: 순종

"예수께서 가라사대 가라 네 아들이 살았다 하신대 그 사람이 예수의 하신 말씀을 믿고 가더니" 요 4:50.

그 사람은 "내려오소서"라고 말했다. 그리고 예수님은 "가라"고 말씀하셨다. 그 말은 웬만해서는 실행하기 힘든 명령이었다. 내가 그였다면 분명히 "예수님, 저와 함께 가셔야 합니다. 지금 제 아들이 얼마나 위독한지 잘 모르시고 그렇게 말씀하시는 것 같은데 예수님의 말 한 마디만 믿고 저 혼자 돌아가기에는 너무 절박한 상황입니다. 저는 주님이 내려가셔야만 안심이 될 것 같습니다"라고 주장했을 것이다. 그러나 그 순간 그의 마음을 사로잡는 무언가가 있었다. 나는 성령이 그의 마음속에서 속삭이셨다고 생각한다. "예수님의 말은 믿을 수 있다." 그래서 그는 그렇게 했다. 그날 두 가지 기적이 일어났다. 하나는 그의 아들이 병에서 나은 것이었다. 그리고 또 하나는 그 귀족의 마음이 치유된 것이었다. 그가 가나를 떠나 혼자 가버나움으로 돌아간다는 것은 매우 힘든 일이었을 것이다. 그러나 그는 "네 아들이 살았다"라고 하신 예수님의 말씀을 믿고 돌아갔다. 그것은 순수하고 단순한 믿음이었다. 그리고 그것은 기적에 대한 믿음이 아니라 주님의 말씀에 대한 믿음이었다.

우리라면 그렇게 쉽게 돌아갔을 것인가, 아니면 예수님과 좀더 논쟁을 벌이며 머물러 있었을 것인가? 그 사람이 어떤 증표나 증거를 요구하지 않았던 것은 주목할 만한 사실이다. 그는 무슨 일이 일어났는지 모르고 있었다. 그의 아들이 살아났다는 그 어떤 외적인 증거도 없었다. 그러나 그는 떠났다. 그의 행동이 잘못된 것이었다면 그의 아들은 곧 죽었을 것이다. 그는 예수 그리스도의 말한 마디에 자기 아들의 목숨을 걸었다. 약속 증서 한 장 없이 떠났다. 그리고 그와 동행하는 천사도 없었다. 그에게는 예수님의 말씀 외에는 그가 기댈 수 있는 것이 아무것도 없었다. 그는 예수님이 말씀하신 그대로 믿었다. 성 어거스틴 St. Augustine 은 그에 대해 이렇게 말했다. "믿음은 우리가 볼 수 없는 것을 믿는 것이다. 그리고 믿음의 보상은 우리가 믿은 것을 보게 되는 것이다." 곧 그 사람은 그의 믿음의 보상을 얻게 되었다.

6단계: 확인

"내려가는 길에서 그 종들이 오다가 만나서 아이가 살았다 하거늘 그 낫기 시작한 때를 물은즉 어제 제칠시에 열기가 떨어졌나이다 하는지라 아비가 예수께서 네 아들이 살았다 말씀하신 그 때인 줄 알고" 요 4:51-53.

이제 이 이야기는 클라이맥스에 이르게 되었다. 집으로 돌아가는 동안 그의 마음속에서는 수많은 생각들이 복잡하게 뒤엉켰을 것이다. 그는 예수님이 하신 말씀을 믿고 따르고 있었다. 그러나 또 그는 자신이 집을 떠날 때 아들이 얼마나 심하게 앓고 있었는지를 기억했을 것이다. 예수님의 말씀이 정말이었을까? 그는 자신의 아들이 치명적인 고열에서 회복되려면 얼마나 오랜 시간이 걸릴지 궁금해했을 것이라 확신한다.

길을 따라 걷고 있던 그는 멀리서 그를 향해 다가오고 있는 한 무리의 사람들을 보았다. 누군지 잘 알 수는 없었지만 상당히 서두르고 있는 것처럼 보였다. 그들이 가까이 다가오면서 소리치는 것이 들렸다. 그는 그들이 자신의 하인들이라는 것을 알게 되었다. 잠시 동안 그는 천국과 지옥을 오갔을 것이다. 안 좋은 소식인가? 웃으면서 소리를 지르고 미소를 짓는 것을 보면 희소식인 것 같기도 한데…. 그리고 마침내 의문의 베일이 벗겨졌다.

"주인님, 기쁜 소식입니다. 도련님이 일어나셨어요!" 길 한복판에서 잔치가 벌어졌다. 귀족은 환호하고, 웃고, 춤추고, 소리지르며 기쁨의 눈물을 흘렸다.

"그 일이 어떻게 일어났느냐? 자세히 이야기해보아라!" 그 귀족은 자신의 아들이 언제부터 회복되기 시작했는지 알고 싶었다.

웃음소리는 더 커졌다. "주인님, 이해하기 힘드실 거예요. 나아지기 시작한 게 아니라 갑자기 순식간에 다 나았어요. 마치 기적이 일어난 것 같았어요!"

"그런데 그 일이 언제 일어났느냐?" 그가 다시 물었다.

"제 칠 시(오후 1시쯤)였어요."

귀족은 아마도 시간을 헤아려보기 위해 잠시 멈추어 손가락을 꼽아보았을 것이다. 제 일 시, 제 이 시, 제 삼 시, 제 사 시, 제 오 시, 제 육 시, 제 칠 시, 맞다. 제 칠 시! 예수님이 "가라. 네 아들이 살았다"라고 말씀하셨던 그때가 바로 제 칠 시였다. 예수님은 35킬로미터나 떨어진 가나에서 가버나움에 있는 아이를 낫게 하신 것이다. 그것은 우연이 아닌 기적이었다. 그리고 그 기적은 예수님이 시간과 거리를 주장하는 분이시라는 사실을 입증해주었다.

7단계: 헌신

"자기와 그 온 집이 다 믿으니라 이것은 예수께서 유대에서 갈릴리로 오신 후 행하신 두 번째 표적表蹟이니라" 요 4:53-54.

이것이 그 사람의 믿음이 자라는 마지막 단계다. 그는 세 번에 걸쳐 예수님을 믿었다. 그리고 그의 믿음은 매번 더 높은 단계로 나아갔다.

- 그는 예수님이 가나에 오셨을 때 처음 믿었다. – 예수님이 행하신 기적에 대한 믿음
- 그가 아들이 있는 집으로 돌아갔을 때 그는 다시 믿었다. – 예수님이 하신 말씀에 대한 믿음
- 그의 아들이 회복되었을 때 마침내 믿었다. – 예수님에 대한 믿음

그리고 그는 그의 온 가족과 종들을 모두 하나님의 나라로 이끌어갈 만큼 철저하게 믿었다. 그가 왔고 그들이 그와 함께 왔다. 아버지를 믿게 하라. 그러면 어머니도 믿게 될 것이다. 아버지와 어머니를 믿게 하라. 그러면 자녀들도 믿게 될 것이다. 한 가정이 믿게 되면 곧 그 친척들도 믿게 될 것이다. 하나님의 은혜는 한 사람에게서 다른 사람에게로 퍼져간다.

하지만 도움을 구하는 모든 기도가 다 그 귀족과 같이 응답받는 것은 아니다. 또 모든 자녀들이 다 기적적인 방법으로 치유되는 것도 아니다. 오스왈드 챔버스 Oswald Chambers 는 이에 대해 "하나님의 도우심을 바라는 믿음은 하나님을 믿는 믿음이 아니다. 믿음은 내가 하나님의 도움을 받든지 못 받든지 간에 하나님은 사랑이시라고 믿는 것이다. "뜨거운 풀무 속에서만 우리가 배울 수 있는 것들이 있다"라고 말했다.

하나님의 개입을 인식하는 것

이 이야기가 특별한 이유는 사람들의 삶 속에서 일하시는 하나님의 전능하신 손길을 분명하게 보여주고 있기 때문이다. 병든 아이의 아버지는 하나님을 미리 볼 수 없었지만, 그의 아들이 죽을 지경까지 가게 된 사건을 통해 그 자신은 물론 그의 온 가족까지 영원한 생명을 얻을 수 있었다. 하나님은 우리의 역경과 고통, 시련,

슬픔을 통해 일하신다. 절박한 상황 속에 있을 때 우리는 자신의 문제에만 집중하여 어린아이처럼 도움을 간청하게 된다. "주 예수님, 어서 오세요. 예수님이 필요합니다." 그리고 예수님은 조용히 대답하신다. "평안히 가라. 내가 네 문제를 처리할 것이다." 우리는 주님을 신뢰하면서 평안하게 가는 믿음을 가질 것인가? 그렇게 할 때 우리는 예수님이 그분의 말씀처럼 그렇게 선하신 분이라는 것을 알게 된다. 그리고 나중에 지난 일을 되돌아보며 "그때는 보지 못했다. 내 슬픔과 고뇌 속에서 주님이 나를 잊으셨다고 생각했었다. 그리고 내 기도가 무시되었다고 생각했었다. 그러나 지금 나는 주님이 그 곳에서 나와 함께하셨던 것을 분명하게 알 수 있다. 주님은 내가 기대하지 않았던 방법으로 내 기도에 응답하셨다. 그리고 주님의 도움이 없었다면 나는 결코 그 일을 감당할 수 없었을 것이다"라고 고백할 때가 정말 많다.

우리 삶 속에서 행하신 하나님의 일을 돌아보면서 우리가 처음에 구했던 것보다 더 큰 기적이 행해진 예를 많이 볼 수 있다. 따라서 우리는 하나님의 길은 우리의 길과 다르다는 것을 또 한 번 배우게 된다. 하나님께 충분한 시간을 드리라. 그렇게 하면 모든 것이 바르게 될 것이다. 모든 일 속에서 하나님의 정당성이 입증될 것이다. 그리고 하나님의 말씀이 진리라는 사실이 입증될 것이다. 우리가 해야 할 일은 하나님을 신뢰하고 순종하는 것이다. 일단 우리의 문제를 하나님께 맡긴 후에는 평안히 가면서 최선을 알고 행하시는 하나님을 신뢰해야 한다. 그렇게 하는 것이 참 믿음이다.

굳건한 믿음의 실례

스티브 마이어Steve Meyer는 44살에 외막 세포 임파종 4기라는 진단을 받았다. 그 병은 암의 일종으로 생존 가능성이 희박하고 기대 수명도 진단 후 5-6년 정도로 짧다. 수개월 동안 스티브는 필사적으로 암과 싸웠다. 그는 방사선 치료를 집중적으로 받으며 머리카락이 빠지고 심한 통증에 시달리는 가운데서도 매주 예배에 참석했다. 방사선 치료의 초기 결과는 그에게 용기를 주었다. 종양이 많이 제거되었고, 남은 종양들도 극적으로 작아졌다.

다음 단계의 치료는 매우 어려운 골수이식 수술이었다. 그 수술은 몸의 면역 체계가 일시적으로 중단되는 동안 이루어지게 된다. 이때 의사들은 골수 제공자로부터 줄기 세포를 채취하고, 환자의 골수 내 모든 세포들을 제거하기 위해 몸 전체에 방사선을 쬐인 다음 줄기 세포를 다시 삽입하게 된다. 스티브는 그 수술이 얼마나 위험한지 잘 알고 있었다. 그리고 그의 현재 몸 상태로는 단 한 번밖에는 골수 수술이 불가능했다. 의사는 그 어떤 장담도 하지 않았다. 골수 이식을 받는다 해도 암이 다시 재발할 수 있었다. 그러나 그 수술이 치료를 위한 최선의 선택이었다.

스티브는 입원하고 며칠 후 내게 전화를 걸었다. 나는 스티브와 이야기하면서 그가 이상하리만치 명랑하고 낙관적이라고 느꼈다. 그는 자신의 삶을 하나님의 손에 맡겼고 그 사실에 만족했다. 그는 또 자신과 동일한 병을 앓고 있는 600명 정도 되는 전세계 환자들과 이메일을 주고받을 수 있는 모임에도 가입했다. 스티브는 어느 날 외막 세포 임파종이라는 진단을 받은 지 얼마 되지 않은 사람으로부터 이메일을 받았다. 그는 어떻게 해야 할지 몰라 우왕좌왕하고 있었다. 스티브는 곧 그 사람에게 자신의 굳건한 믿음을 담아 답장을 보냈다. 스티브의 허락을 받아 그 편지를 소개한다.

이 병에 걸렸다는 것이 기쁘지 않아요. 누구라도 그럴 거예요. 방사선 치료가 원기를 회복시켜주지는 않았어요. 골수 이식 수술도 한여름에 연못 속에 뛰어드는 것처럼 그렇게 시원한 일이 아니었어요. 그리고 나는 이 치명적인 병으로 인해 한 사람의 삶이 황폐해지는 것을 바라지 않아요.
그러나 당신을 사랑하고, 당신을 위해 기도하고, 먹을 것을 가져다주고, 카드를 보내주고, 마당에 쌓인 낙엽들을 대신 치워주고, 함께 울고 함께 웃고, 심부름을 해주고, 겨울 내내 눈을 대신 치워주고, 여름에는 잔디를 깎아주고, 럭비 경기를 함께 보려고 주일 오후 당신을 찾아오고, 전화를 걸어 안부를 묻고, 약을 사다주고, 운전할 수 없을 때는 대신 운전을 해주고, 집에 초대해주고, 당신의 아내나 남편을 도와주고, 아이들을 돌봐주고, 당신의 부모들과 형제자매를 위로해주고, 찾아와서 같이 시간을 보내주고, 외식도 함께 하고, 책과 CD와 테이프 등을 가져다주고, 노트북을 빌려주는 등 우정과 사랑을 나눌 수 있는 사람들에게 둘러싸여 있을 때…
아이들이 당신을 사랑한다고 거듭 말하면서 당신을 잃게 될지도 모른다는 생각에 눈물을 흘릴 때, 당신이 어리석게 행동할 때에도 아내 또는 남편이 당신을 사랑한다고 말하고 당신을 잃게 될지도 모른다는 슬픔에 울다 잠이 들 때, 이 병으로 사랑하는 자식을 잃게 될지도 모른다고 생각하며 "차라리 내가 대신 그 병에 걸렸으면 좋겠다"고 말씀하시는 부모님의 눈 속에 고인 눈물을 보게 될 때… 당신이 한 번도 만난 적이 없는 사람들이 당신을 위해 기도하고 이메일을 보내고 격려해주며 저녁을 같이 먹자고 할 때, 담당 의사가 당신을 위해 무언가를 좀 더 해줄 수 없어서 당신을 위해 눈물을 흘릴 때, 고통이 너무 심해서 숨을 쉴 수 없을 것 같거나 너무 괴로워서 '이러다 죽겠구나' 라는 생각이 들 때…

그럴 때 내가 어떻게 하는지를 말해줄게요. 나는 지금 이대로의 삶을 내게 주신 하나님께 감사드려요! 지금까지 풍족한 삶을 살았고 앞으로도 열심히 살아갈 계획이에요. 딸 베키Beckey가 자라는 것을 볼 거예요. 지금 베키는 행복한 초등학교 3학년 꼬마예요. 아빠가 온 마음으로 자신을 사랑하고 있다는 사실을 조금도 의심하지 않고 자기가 읽을 수 있는 책을 또박또박 아빠에게 읽어줄 수 있다는 사실을 자랑스럽게 여기는 그런 아이에요. 그리고 열두 살 된 우리 아들, 나는 그 아이의 글씨체가 좋아지는 걸 - 어쩌면 평생 걸리는 일이 될지도 모르지만 - 볼 거예요. 그리고 그 아이가 체스 게임에서 날 이기게 되는 것도 볼 거예요. 대학 2학년생인 우리 딸이 더 자라 결혼하고 손자들을 데려오는 것도 볼 거예요. 우리 부모님이 아들이 지켜보는 가운데 남은 생애를 마치시게 되는 것을 볼 거예요. 그리고 내가 그 분들을 묻어드릴 거예요. 예쁜 내 아내가 늙어서 흰머리가 늘어나고 쇠약해져가는 모습도 지켜볼 거예요. 그리고 지금 내가 아내를 사랑하는 것보다 더 사랑하면서 함께 플로리

다에서 노년을 보낼 거예요.

우리가 불행한 건가요? 예. 맞아요.

우리에게 불평할 권리가 있나요? 어느 정도.

할 수 있다면 내가 다른 삶을 선택하려고 할까요? 아니요.

질문해주어서 기뻐요. 그리고 당신과 이 병에 걸린 모든 사람들이 회복되길 기도합니다. 그리고 나는 이 병으로 세상을 떠난 사람들을 다시 만나게 될 거예요. 내 삶은 항상 최고였어요!

외막 세포 임파종을 앓고 있는 사람들과 사랑으로 그들을 돌보는 가족들에게 하나님의 은총이 함께 하시기를….

스티브 마이어
일리노이 주 오크 파크에서.

전화로 스티브는 그런 강한 믿음의 비결을 내게 말해주었다. 그것은 기독교 신앙의 핵심을 찌르는 아주 간결한 진술이었다. "주님을 알면 죽는 것을 두려워할 필요가 없어요. 왜냐하면 주님을 안다면 절대로 죽지 않는다는 걸 깨닫게 되거든요." 이 얼마나 놀라운 고백인가! 그 고백은 예수님이 "무릇 살아서 나를 믿는 자는 영원히 죽지 아니하리니"요 11:26 라고 말씀하신 것과 같다.

그런 사람에게 무엇을 어떻게 할 수 있겠는가? 아무도 그를 막을 수 없다. 그런 믿음은 파괴할 수 없는 믿음이다. 사탄은 그런 사람을 건드릴 수 없다. 왜냐하면 사탄이 사용하는 최고의 무기는 죽음을 두려워하는 공포이기 때문이다. 우리가 죽기를 두려워하지 않는다면 사탄은 우리를 이길 수 있는 힘을 잃게 된다.

하나님의 방식으로 성취된다

29년 동안 톰 랜드리Tom Landry는 달라스 카우보이 팀의 수석 코치였다. 굳건한 크리스천이었던 그는 오랫동안 내 모교인 달라스 신학대학원의 이사로 일해왔다. 그는 선수들을 지도하는 코치로서의 그의 철학을 설명해달라는 요청을 받았을 때 이렇게 설명했다. "코치의 역할은 사람들이 하고 싶어하지 않는 것을 하게 만들어서 그들이 늘 원하는 것을 이룰 수 있도록 해주는 것입니다". 우리 코치이신 하나님은 우리가 언제나 이루고 싶어하면서도 그 방법을 알지 못하는 것들을 우리가 이룰 수 있도록 도와주신다. 그분은 우리가 가고 싶어하지 않는 곳에 우리를 가게 하시고, 우리가 마주하고 싶어하지 않는 것들을 마주하게 만드신다. 그것은 아무도 원하지 않지만 우리의 믿음이 자라고 성숙하려면 누구에게나 필요한 은총이다. 절박한 상황이 우리를 예수님께로 데려간다면 그 상황은 하나님으로부터 온 하나의 선물이다.

제10장
우리 안에서 시작하신 일을 끝마치시다

19세기 영국의 위대한 설교자였던 찰스 해돈 스펄전^{Charles Hadden Spurgeon}은 "크리스천의 삶은 기적의 연속이다"라고 말했다. 그의 말이 옳다면 왜 우리는 그런 기적들에 대해 이야기하지 않는 것인가? 나는 이 질문에 대한 대답을 찾기 위해 친구들에게 그들이 직접 경험한 기적들을 이야기해달라고 요청했다. 그들의 이야기는 모두 감동적이었다. 그리고 매우 교훈적인 것들도 있었다. 그 가운데 한 친구의 이야기를 소개한다.

당신의 죽마고우에게 16년 전에 그가 알았던 당신과 지금의 당신에 대해 각각 이야기해달라고 요청해보라. 아마 당신은 그 친구에게 공통점이 별로 없는 전혀 다른 두 사람의 이야기를 듣게 될 것이다. 이것은 기적이라고 부를 만한 일이지 않는가? 이에 대해 자세하게 설명하지는 않겠다. 그러나 16년 전 나는 감정적으로나 영적으로 벼랑 끝에 서 있었다. 어느 날 나는 무릎을 꿇고 나를 변화시켜주시든지, 아니면 데려가 주시든지 해달라고 하나님께 간청했다. 왜냐하면 그 당시와 같은 삶을 계속 살아야 한다면 단 일 분도 더 살고 싶지 않았기 때문이었다. 그리고 그때부터 나의 마음속에는 희미한 망치 소리와 톱 소리가 울려퍼지기 시작했다.

이야기의 결론을 말하자면, 그후 지난 16년 동안 하나님은 내 안에서 전혀 새로운 사람을 만들어내셨다. 대부분의 사람들에게는 잘 보이지 않는 것이었다. 그리고 눈 깜짝할 사이에 일어난 일도 아니었다. 그러나 가히 기적이라 부를 만했다. 그리고 아직 끝나지 않았다. 하나님이 내 삶에서 하신 일은 팔다리가 절단된 자리에서 새 팔다리를 자라게 하시는 것보다 더 기적적인 일이었다. 하나님은 나를 완전히 새로운 사람으로 바꾸어놓으셨기 때문이다. 그리고 하나님은 여전히 기적을 행하고 계신다. 그리고 그 기적들은 정말 멋지다. 하나님의 때에 그 기적들이 일어나고 있다. 하나님께 모든 영광을!

이 사람의 이야기를 읽으면서 나는 우리에게 기적을 볼 수 있는 눈이 생긴다면, 우리 주변에서 쉽게 기적들을 볼 수 있게 될 것이라고 생각했다. 우리의 문제는 하나님의 기적이 작은 겨자씨처럼 막 자라기 시작할 때, 미리 앞서 나가 굉장한 외적 결과들을 기대한다는 것이다. 육체적인 치유는 놀라운 기적이다. 그리고 나는 오늘날에도 하나님이 우리 기도에 응답하시며 치유하신다고 생각한다. 그러나 그보다 더 큰 기적은 하나님의 은혜로 죄인이었던 우리가 하나님의 자녀로 신분이 상승되었다는 사실이다.

앞에서 소개한 사람의 이야기 중에 나는 특히 "그때부터 내 마음속에서 울려퍼지는 희미한 망치 소리와 톱 소리를 듣기 시작했다"라는 문장에 마음이 꽂혔다. 일정 기간 동안 크리스천으로 살아왔다면 당신의 삶 속에서 들리는 망치 소리와 톱 소리가 어떤 것인지 알고 있을 것이다. 신학자들은 그것을 '성화 Sanctification'라는 단어로 표현한다. 성화란 성도가 점점 더 그리스도를 닮아갈 수 있도록 성도의 마음속에서 하나님이 하시는 일을 말한다.

성화에 대해 우리가 알아야 할 다섯 가지 사실이 있다.

- 성화는 하나님의 일이다.
- 성화는 평생 계속되는 과정이다.
- 이땅에서는 결코 완전하게 이루어지지 않는다.
- 끝날 때까지 하나님은 멈추지 않으실 것이다.
- 하나님은 우리를 예수님처럼 만드시기 위해 우리에게 일어나는 모든 일을 – 좋은 일이나 나쁜 일이나 – 사용하신다.

우리의 성장에 관여하시는 하나님

우리의 생각을 집중시키고 우리 안에서 하나님의 일을 마치고자 하시는 하나님의 결의를 말해주는 네 개의 성경 구절들이 있다.

1. 우리 안에서 일을 시작하신다.
"너희 속에 착한 일을 시작하신 이가 그리스도 예수의 날까지 이루실 줄을 우리가 확신하노라" 빌 1:6.

우리가 이 구절 속에서 볼 수 있는 세 가지 사실에 주목할 필요가 있다. 첫째, 하나님이 주도권을 가지시고 우리 안에서 하나님의 일을 시작하신다. 우리 안에서 '착한 일을 시작하시는' 분은 바로 하나님이시다. 구원은 언제나 하나님으로부터 시작된다. 하나님이 먼저 움직이신다. 그렇지 않을 경우 우리는 전혀 움직일 수 없다.

시골의 한 사역자가 목사 안수를 받기 위해 시험을 치르고 있었다. 그는 어떻게 크리스천이 되었는지에 대한 질문을 받고나서 "나는 내가 해야 할 일을 했고, 하나님은 하나님이 하셔야 할 일을 했다"고 대답했다. 미심쩍게 들리는 대답이었다. 그래서 위원회의 한 박식한 성도가 '내가 해야 할 일'에 대해 설명해줄 것을 요청했다. 그러자 그는 "내가 해야 할 일은 하나님으로부터 내가 할 수 있는 한 빨리 도망치는 것이었고, 하나님이 하셔야 할 일은 나를 추격해 붙잡으시고 하나님의 집으로 나를 데려가시는 일이었다"라고 대답했다. 그것은 정확하게 성경이 말하고 있는 대답이었다. 왜냐하면 우리 모두 하나님으로부터 도망치면서 살고 있기 때문이다. 하나님이 주도권을 갖고 우리를 찾지 않으셨다면, 우리는 여전히 하나님으로부터 멀어지기 위해 도망치고 있을 것이다.

둘째, 우리 안에서 시작된 일을 마무리하는 책임은 하나님이 지신다. 내게는 이 사실이 가장 큰 위안이 된다. 하나님은 우리의 삶 속에서 마치기로 작정하신 '착한 일'을 수행하신다. 로마서 8장 29절이 말하고 있듯이 하나님의 자녀들이 모두 예수 그리스도의 형상을 닮아가는 것이 하나님의 뜻이고, 하나님은 그 '착한 일'이 완성될 때까지 쉬지 않으실 것이다.

영어로 'PBPGIFWMY'라고 새겨진 배지를 본 적이 있는가? 그 글자는 "인내하라. 하나님이 내 안에서 아직 일을 끝내지 않으셨다Please be patient. God isn't finished with me yet"라는 뜻의 암호라고 한다. 아직 하나님은 당신 안에서 일을 끝내지 않으셨다. 거울을 들여다 볼 때 그리고 마음속 깊은 곳을 들여다볼 때, 그곳에서 볼 수 있는 자신의 모습을 좋아하지 않을 수도 있다. 그러나 그건 문제가 되지 않는다. 하나님이 아직 당신 안에서 일을 다 끝내지 않으셨기 때문이다. 이 사실은 좋은 소식이 될 수도 있고 그렇지 않을 수도 있다. 하나님은 아직 그분의 일을 끝내지 않으셨기 때문에 우리는 미래에 대한 소망을 가질 수 있다. 그래서 이것은 좋은 소식이다. 그러나 하나님이 아직 끝내지 않으셨기 때문에 하나님이 우리를 그냥 내버려두지 않으실 수도 있을 것이다. 그래서 좋지 않은 소식이 될 수 있다. 하나님은 우리가 예수 그리스도의 형상을 닮아가도록 우리를 계속 다듬어가실 것이다. 그 길은 우리 모두 평생 걸어가야 할 길이다. 그리고 우리 가운데는 가야 할 길이 아직 먼 사람들도 많다. 그러나 그것도 문제가 되지 않는다. 실패라는 오물과 진창 속에 빠져 있다 해도 용기를 가지라. 하나님이 자신의 자녀인 당신 안에서 아직 하나님의 일을 끝내지 않으셨다. 일어나 걸으라. 당신이 반칙한 것 때문에 경고를 받고 퇴장을 당했다면, 하나님이 가르쳐주시는 교훈을 배우고 다시 경기장 안으로 들어가라.

셋째, 하나님이 우리 안에서 하나님이 하시는 일의 결과를 보증하신다. 하나님은 일을 시작하시고 그 과정을 계속 진행하실 뿐 아니라 그 마지막 결과까지 보증하신다. "그리스도 예수의 날까지 이루실 줄을 우리가 확신하노라"빌 1:6. 이 말씀은 어려움이 있어도 하나님이 물러서지 않으실 것이라는 뜻이다. 우리를 예수님처럼 만드시려는 하나님의 의지가 너무나 확고하기 때문에 우리의 타락한 죄마저도 하나님의 그 목적을 이루는 일을 방해할 수 없다. 우리가 거룩하고 모든 면에서 완전하고 흠 없는 하나님의 구속된 자녀로 예수 그리스도 앞에 서게 될 날이 올 것이다. 그 날이 오려면 아직 멀었지만 더 좋은 날이 우리를 위해 다가오고 있다. 불완전한 것이 완전하게 될 것이다. 끝나지 않은 것이 끝나게 될 것이다. 부족한 것이 가득차게 될 것이다. 부분적인 것이 완전하게 될 것이다. 망가진 것이 고쳐질 것이다. 상한 것이 낫게 될 것이다. 약한 것이 강하게 될 것이다. 일시적인 것이 영원한 것이 될 것이다.

하나님은 선한 일을 하겠다고 약속하셨다. 그리고 하나님은 거짓말을 할 수 없는 분이시다. 자신이 불완전한 모순 투성이라고 생각하는가? 두려워하지 말라. 하나님이 당신 안에서 시작하신 하나님의 일을 마치실 것이다.

2. 우리를 넘어지지 않게 하신다.

"능히 너희를 보호하사 거침이 없게 하시고 너희로 그 영광 앞에 흠이 없이 즐거움으로 서게 하실 자" 유 1:24.

이 구절에는 우리가 눈여겨보아야 할 세 가지 요소가 들어 있다.

첫째, '능히 너희를 보호하사 거침이 없게 하시는' 하나님의 능력이 있다.

둘째, '너희로 그 영광 앞에 서게 하시려는' 하나님의 목적이 있다.

셋째, '흠이 없이 즐겁게' 하실 것이라는 하나님의 약속이 있다.

하나님이 구원하기로 예정하신 사람들이 비틀거릴 수는 있다. 그러나 그들이 아주 쓰러지지 않도록 하나님이 그들을 보호하실 것이다. 하나님의 자녀들이 이땅을 순례하는 동안 그들 가운데 단 한 명도 길을 잃어버리지 않도록 하나님이 그분의 성령과 거룩한 천사들을 통해 그들을 보호하신다. 하나님이 부르신 수만큼 천국에서 그들을 모두 맞이하실 날이 올 것이다. 버넌 매기 Vernon MeGee 는 하나님이 천국에서 양우리로 들어오는 양 떼들의 수를 세고 계시는 모습을 묘사했다. "1, 2, 3… 94, 95, 96, 97, 98, 99… 매기? 매기는 어디 있지? 매기가 보이질 않네!" 그러나 매기는 그런 일은 절대 일어나지 않을 것이라고 말한다. 하나님의 양들은 모두 양 우리에 들어가게 될 것이다. 한 마리도 잃어버리는 일은 없을 것이다.

성경 교사인 잭 웨르첸Jack Wyrtzen은 이렇게 말했다. "나는 만 년 전부터 이미 천국에 들어가 있는 것처럼 확신에 차 있다." 크리스천이 그렇게 말할 수 있는 이유는 무엇인가? 그것은 우리 자신을 근거로 확신하는 것이 아니기 때문이다. 우리의 확신은 영원하신 하나님의 말씀에 근거를 두고 있다. 하나님이 하겠다고 말씀했다면 그대로 하실 것이다. 하나님의 목적은 유다서 1장 24절에서 기록하고 있듯이 '우리를 흠 없이 하나님 앞에 서게 하시는 것'이라고 말하고 있다. '흠 없는'에 해당하는 헬라어 단어는 성전에서 드리는 제물을 연상시킨다. 그 단어는 아무 흠도 없는 어린 양을 묘사할 때 사용되었다. 그때 어린 양은 상처가 있거나, 뼈가 부러졌거나, 반점이 있거나, 질병이 있어서는 안 된다. "내게 흠 없는 양을 가져오라. 그렇지 않으면 아예 가져오지 말라." 하나님은 결함이 있는 제물을 하나님의 거룩하심에 합당하지 않은 것으로 보고 거부하신다.

그러나 정말 그렇다면 우리 가운데 누가 하나님 앞에 설 수 있겠는가? 우리 모두에게는 결점과 흠, 은밀한 단점들, 감추어둔 죄, 잘못된 자세, 나쁜 습관, 무거운 짐처럼 우리 목에 걸려 있는 죄가 있다. 우리 모두는 하루하루를 힘겹게 살아가고 있고, 많은 사람들이 죄책감과 실패로 인한 예리한 통증을 안고 살아가고 있다. 그래서 우리는 유다서 24절의 진리를 기억해야 한다. 하나님은 이 세상에서 우리를 타락시키는 모든 것들로부터 우리를 자유롭게 하시고 우리를 흠이나 결점 없이 하나님 보좌 앞에 서게 하시려고 결단하셨다. 그 위대한 날에 천사들이 노래하는 목소리를 낮추고 성도들이 하나 둘씩 하나님 앞에 소개될 것이다. 나는 예수님이 크리스천 한 사람씩 하나님 앞에 데려가서 "아버지, 이 사람은 스탄 유티가 드입니다. 땅에서 많은 고난을 겪고 지금 막 도착했습니다. 제가 흘린 보혈의 능력으로 그를 완전하고 흠 없고 아무 결함 없는 사람으로 하나님 앞에 서게 하였습니다"라고 말씀하시는 모습을 그려본다. 그러면 하나님이 "잘 하였도다 착하고 충성된 종아 주의 기쁨에 참여하라"고 말씀하실 것이다.

예수 그리스도를 아는 모든 사람들이 그 경험을 하게 될 것이다. 그러나 우리의 죄는 어떻게 되는 것인가? 예수 그리스도의 보혈로 가려졌고 십자가에서 심판받았다. 이 세상의 모든 실패는 뒤에 남게 될 것이다. 이땅에서 실패한 모든 일들은 설사 우리가 기억한다 해도 그저 희미한 기억이 될 것이다. 그 위대한 날에 죄와 그 모든 참상으로부터 완전히 구출될 것이다.

'즐거움'이라고 짧은 한 단어를 놓치지 말라. 헬라어 본문에서는 '억제되지 않은 환희'라는 뜻으로 풀이되어 있다. 성도들이 행진할 때 그것은 뉴올리언스에서 행하는 요란한 퍼레이드와 좋지 않은 것들이 제거된 같을 것이다. 풀이 죽고 침울한 표정으로 천국에 들어가지

제10장 _ 우리 안에서 시작하신 일을 끝마치시다 | 231

않을 것이다. 대신 노래하고 웃으며 기쁨의 환호성을 지르면서 들어가게 될 것이다. "할렐루야, 하나님의 은혜로 이곳까지 오게 되었다!" 죄가 당신을 짓누를 때 이 생각을 하며 용기를 가지라. 더 좋은 날이 다가오고 있다. 승리의 날이, 기쁨이 날이 머지 않았다. 현재의 실패는 영원히 지속되지 않는다. 어느 날 전쟁은 끝이 나고, 우리는 완전하고 온전하게 하나님 앞에 서게 될 것이다. 노래하며 천국에 들어가게 될 것이다. 하나님이 그렇게 되도록 계획하셨다.

3. 하나님의 뜻을 행할 수 있도록 우리를 온전케 하신다.

"양의 큰 목자이신 우리 주 예수를 영원한 언약의 피로 죽은 자 가운데서 이끌어 내신 평강의 하나님이 모든 선한 일에 너희를 온전케 하사 자기 뜻을 행하게 하시고 그 앞에 즐거운 것을 예수 그리스도로 말미암아 우리 속에 이루시기를 원하노라 영광이 그에게 세세무궁토록 있을지어다 아멘" 히 13:20-21.

'온전케 하다' 라는 말은 '적절하게 일할 수 있는 상태로 회복시키다' 라는 뜻이다. 이 말은 군대가 전투를 준비하거나, 그물에 난 구멍을 깁거나, 부러진 팔을 접합하는 것을 말할 때 사용되었다. 어떤 것이 적절한 목적을 위해 사용될 수 있도록 준비시킬 때 그것이 온전케 되는 것이다.

하나님은 우리 개개인에게 부여하신 그분의 목적을 우리가 이룰 수 있도록 하시기 위해 기꺼이 우리를 온전케 하신다. 그래서 하나님은 우리를 온전케 하시지 않고는 그 일을 하도록 우리를 결코 부르시지 않을 것이다. 나는 오늘날 많은 사람들이 어려운 상황을 맞이하고 있다는 것을 알고 있다. 아마 당신도 그들 가운데 한 사람일 수 있을 것이다. 돈이 없을 수도 있고 실직 상태일 수도 있다. 곧 수술을 받아야 하거나 아니면 병 때문에 쇠약해져 있을 수도 있다. 이번 주에 결정해야 하는 어려운 선택을 앞에 두고 사면초가에 빠져 있을 수도 있다. 기운을 내라. 이번 주에 어떤 일을 하던지 그 일을 할 수 있도록 하나님이 당신을 온전케 하실 것이다. 앞에 놓인 길이 아무리 험할지라도 하나님이 이미 그물을 수선하기 시작하셨고, 전투를 위해 당신을 무장시키기 시작하셨다. 하나님께 요청할 필요도 없다. 하나님이 다 알아서 그렇게 하신다. 왜냐하면 하나님은 그런 분이시기 때문이다. 하나님은 우리에게 필요한 것들을 주시지 않고는 그 어떤 어려운 일도 결코 우리에게 허락하지 않으신다.

그리고 어떻게 그렇게 하시는지 주목하라. 하나님은 우리 안에서부터 일하신다. "하나님은 그분이 바라는 것을 우리가 이룰 수 있도록 우리 안에서 일하신다." 우리에게 용기가 필요하다면 우리 속에서 그것을 이끌어내신다. 우리에게 동정심이 필요하다면 동정심을 우리에게 주신다. 충성심이 필요하다면 우리 안에서 충성심을 용솟음치게 해주신다. 우리에게 지혜가 필요하다면 지혜를 주신다. 우리에게 전문적인 지식이 필요하다면 그것을 주기 위한 길을 찾으신다. 많은 사람들이 어려운 상황을 바라보면서 "주님, 이

상황을 바꾸어주십시오"라고 기도한다. 그러나 그렇게 하는 것은 보통 하나님의 뜻이 아니다. 어려운 상황은 대부분 하나님이 우리를 영적으로 더 성숙하게 만들기 위해 주시는 것이다. 하나님은 종종 우리가 하나님을 더욱더 의지할 수 있도록 우리 삶에 어려움을 주신다. 따라서 그런 일이 일어날 경우 우리는 "주님, 이 상황을 잘 감당할 수 있도록 저를 변화시켜주십시오"라고 기도해야 한다. 그런 기도가 하나님이 기쁘게 응답하시는 기도다.

4. 우리 안에서 하나님의 일을 이루실 것이라고 약속하신다.

"평강의 하나님이 친히 너희로 온전히 거룩하게 하시고 또 너희 온 영과 혼과 몸이 우리 주 예수 그리스도 강림하실 때에 흠 없게 보전되기를 원하노라 너희를 부르시는 이는 미쁘시니 그가 또한 이루시리라" 살전 5:23-24.

하나님이 우리 안에서 시작하신 일을 이루실 것이라는 사실을 우리는 어떻게 알 수 있는가? 법률적인 용어를 빌리자면, 하나님은 약속을 담보하시는 '보증인'이시다. 어떤 계약이던지 거기에 기록된 이름만큼의 가치를 지니고 있다. 성화에 대한 우리의 바람 또한 그것을 뒤에서 보증하는 사람에 따라 달라진다. 이 구절을 통해 우리의 성화를 확실히 알 수 있는 것은 바울 사도가 자신의 논리를 납득시키고 우리가 성화를 확실히 알 수 있도록 하기 위해 어조가 강한 헬라어 구문을 사용하고 있기 때문이다.

하나님
하나님이 친히
평강의 하나님이 친히

그리고 더 중요한 사실이 있다. 하나님만이 우리를 더 성장하게 하실 수 있다. 이 사실을 잠시 생각해보라. 운동으로 몸이 튼튼해지고, 심리 치료로 정신 건강이 회복되며, 친구들을 통해 용기를 얻고, 돈으로 환경을 개선할 수 있을 것이다. 그러나 하나님만이 우리를 더 성장하게 하실 수 있다.

하나님은 모든 영적 진보의 근원이시고 원천이시다. 이 근원적인 진리의 중요성은 아무리 강조해도 지나치지 않는다. 우리의 문제는 우리 힘으로 우리 자신을 더 나아지게 하려고 애쓴다는 데 있다. 우리는 과음, 고약한 성질, 용서하지 않는 마음, 비난, 그 밖의 좋지 않은 습관들을 극복해보려고 노력한다. 죄와 싸우다가 우리는 한 쪽 구석으로 기어들어간다. 그리고 우리 힘으로 더 나아지려고 노력한다. 그리고 얼마 후 일어서서 "주님, 보세요. 훨씬 좋아졌죠? 다 저 혼자 한 거예요"라고 말한다. 그러면 하늘에서 "나 없이 넌 아무것도 할 수 없다"라는 대답이 들려온다. 도덕적으로 보다 나아지기 위한 우리의 모든 노력과 자기 수양과는 정반대로 이 성경 구절은 '평강의 하나님이 친히'라고 말하고 있다. 모든 일은 하나님으로부터 시작된다. 따라서 하나님으로부터 시작되지 않은 일은 사실상 시작조차 하지 않은 것이다.

우리의 성숙을 완전하게 이루신다

'온전히 through and through'라는 말은 두 부분으로 이루어진 흔치 않은 헬라어 단어를 번역한 것이다. 한 부분은 '모든'을 뜻하고 또 한 부분은 '완전한,' 또는 '마침내'라는 뜻이다. 즉, 이 단어는 다 성화되어 마침내 완전하게 되는 것을 의미한다. 하나님은 그분의 자녀들이 예외 없이 모두 다 완전해지도록 정해놓으셨다. 우리가 아직 그렇게 된 것은 아니다. 우리 대부분은 산만하게 여러 방향으로 찢겨진 듯한 느낌을 받고 있다. 우리는 불완전하다. 그리고 아직도 공사 중이다. 그러나 하나님은 마침내 우리가 천국에 이를 때 작업 연장인 망치와 톱을 치우시고, 우리의 모든 부분과 삶의 모든 영역에서 완전하게 주님 앞에 설 수 있도록 계획하셨다.

성화는 결과로 이어지는 과정이다. 오래전에 사랑받았던 '조금씩 매일, 조금씩 모든 면에서 예수님이 나를 변화시키시네'라는 가사로 된 짧은 합창곡이 있었다. 이는 우리 모두에게 해당되는 말이다. 우리는 조금씩 성장하고 매일 진보한다. 하지만 진행 속도는 빠르지 않다. 하나님은 결코 서두르는 분이 아니시다. 주님은 명장이시기 때문에 그분의 속도대로 천천히 일하신다.

경솔한 일꾼들은 때때로 "이 정도면 됐어"라고 말한다. 그것은 마치 "세세하게 신경 쓸 필요 없어. 이음새가 좀 뜨면 어떻고 가장자리가 좀 찌그러지면 어때. 우리가 운영비까지 걱정할 필요는 없잖아. 그냥 대충 하면 되는 거야"라고 말하는 것과 같다. 그러나 하나님은 경솔하게 일하는 분이 아니시다. 하나님이 하시는 모든 일은 완벽하다. 하지만 우리 대부분은 지금 이 순간이 그렇게 '완전' 하다고 느끼지 않는다. 우리 안을 들여다보면 선한 것과 악한 것이 뒤섞여 있어 이음새가 느슨하고 서로 잘 맞지 않는 것처럼 보이는 부분들이 많기 때문이다. 그러나 그런 상태가 영원히 지속되지는 않는다. 하나님은 '종말에 우리가 마침내 온전히 거룩하게 될 것'이라고 약속하셨다.

우리는 아직 끝난 것이 아니다. 그러나 끝나게 될 것이다.
지금 우리는 완전히 깨끗하지는 않다. 그러나 그렇게 될 것이다.
지금 우리가 전적으로 지혜로운 것은 아니다. 그러나 그렇게 될 것이다.
우리가 완전히 구속된 것은 아니다. 그러나 그렇게 될 것이다.
우리가 언제나 하나님께 쓸모 있는 것은 아니다. 그러나 그렇게 될 것이다.

따라서 확신하건데, 예수님이 돌아오실 때 모든 성도에게 두 가지 놀라운 일이 일어나게 될 것이다. 우리의 성품이 드러나게 될 것이다. 그리고 우리는 완전해질 것이다.

그러나 그 과정이 느리게 느껴질 수도 있다. 당신의 삶이 실망스러운가? 나도 그럴 때가 있었다. 거울 앞에 서서 "뭐가 잘못된 거지? 왜 좀 더 나아지지 않은 것일까?"라고 말하게 될 때도 있는가?

때로는 세 걸음 전진했다 두 걸음 후퇴하는 것이 크리스천의 삶인 것처럼 느껴질 수도 있다. 영적인 성장 과정에서 때로는 낙담할 수도 있다. 마치 에베레스트 산을 오르는 것처럼 정상에 가까이 다가갔다고 느끼는 순간, 어느새 정상은 또다시 멀어진 것처럼 보일 수 있기 때문이다. 그러나 그 모든 일에는 하나님의 이유가 있다. 하나님은 우리가 모든 일에서 하나님을 의지하기 원하신다. 모든 일은 우리가 하나님이 전적으로 주관하시도록 해드릴 때만이 제대로 돌아간다. 그것이 하나님의 계획이다. 우리가 자신의 힘만 믿고 일을 밀어붙이면 – 우리가 종종 그렇게 하듯이 – 일에 균열이 생기기 시작할 것이다.

우리의 성숙에 대한 하나님의 의도

존 칼빈 John Calvin 은 약 350년 전에 데살로니가전서 5장 23-24절을 매우 생생하게 설명했다. 그는 하나님이 "인간을 전적으로 수리하기로 하셨다"고 말했다. 나는 1989년 오크 파크로 이사하기 전까지는 '수리' 라는 말의 의미를 잘 이해하지 못하고 있었다. 그러나 마을에 있는 모든 것이 끊임없이 수리되는 그곳에서 나는 비로서 그 의미를 알게 되었다. 그 지역의 집들은 대부분 지은 지 80년 이상 되었기 때문에 70년 정도 된 집은 새집 축에 속한다. 오래된 집이라고 불리려면 적어도 100년 이상은 되어야 한다. 오래된 건물을 수리할 수 있는 사람들이 오크 파크에서 큰 사업체를 거느리고 있는 것도 다 이런 이유 때문이다. 오래된 집은 한번 손대기 시작하면 보수 작업이 좀처럼 끝나지 않는다. 처음에는 지붕을 손본다. 그런 다음에는 거실, 부엌, 침실 순서로 차례차례 손볼 곳이 생긴다. 그리고 아마 수도관이나 전기 시설에도 문제가 생길 것이다. 결국에는 현관과 베란다를 수리하고, 페인트칠을 하고, 보일러와 에어컨까지 새것으로 교체하게 될 것이다. 15-20년 동안 집을 계속 수리할 수도 있다. 그런 다음에도 수리가 완전하게 끝나지 않는다. 손을 봐야 할 곳이 언제나 꼭 생기게 마련이다.

집수리도 이렇게 힘든데 하물며 사람의 삶을 수리하기는 얼마나 더 어려울까? 그것은 하나님만이 엄두를 내실 수 있을 만큼 힘든 일이다. 얼마나 오랫동안 수리를 해왔건 - 25년, 30년, 40년, 50년 이상 - 천국에 이를 때까지 그 수리는 끝나지 않을 것이다. 어쩌면 하나님이 "거기서 내가 할 수 있는 일을 다 했다. 이리 오너라. 작업 조건이 훨씬 더 좋은 여기서 일을 끝마쳐야겠다"라고 말씀하실 사람들도 있을 것이다(사실, 그 말씀이 하나님이 결국 우리 모두에게 하실 말씀이다).

우리는 하나님의 신실하심에 의해 완성된다

데살로니가전서 5장 24절에는 '너희를 부르시는 이는 미쁘시니'라는 매우 중요한 구절이 들어 있는데 그것이 영원한 담보라 불리는 교리의 기초가 된다. 구원받은 사람은 영원히 구원받은 것이라고 보통 말한다. 그러나 그렇다는 것을 어떻게 알 수 있는가? 그것은 하나님이 약속을 지키시는 신실하신 분이기 때문이다. 우리의 소망은 - 이 세상에서나 다음 세상에서나 - 하나님의 신실하심에 달려 있다. 하나님의 신실하심이 우리의 부족한 노력의 빈틈을 메워주신다. 우리는 성숙의 과정을 거치고 있다. 우리는 모두 '공사 중'이다. 그리고 그 공사는 오랜 시간이 걸리고 시끄럽고 소란스러우며 성가시기까지 하다. 그래서 우리는 내부에서 들려오는 망치 소리와 톱 소리를 듣게 되는 것이다. 하나님은 절대 하나님의 일을 멈추지 않으신다. 왜냐하면 우리를 그리스도의 형상으로 다듬어가기 위해 언제나 하실 일이 있기 때문이다.

- 자신의 연약함에 골몰하게 되면 확신을 잃게 될 것이다.
- 하나님의 신실하심에 집중하면 확신이 굳건해지게 될 것이다.

나는 하나님이 거친 대리석 덩어리를 다듬어 멋진 조각품을 만드시는 모습을 그려본다. 하나님은 지금 레이 프리처드라는 커다란 돌덩어리로 작품을 만드시는 중이다. 그것은 힘든 일이다. 왜냐하면 그 덩어리에는 흠도 많고 보기도 흉한 데다 빛깔도 퇴색되어 여기저기 금도 가 있기 때문이다. 솔직히 나는 조각가의 입장에서 볼 때 가장 최악의 대리석 덩어리라 할 수 있다. 그러나 하나님은 주저하지 않으시고 좋지 않은 부분들은 깎아내시면서 딱딱한 돌로 하나의 형상을 만들고 여기저기에 윤을 내신다. 어느 날 그 조각상의 한 부분을 끝마치시고 그 다음 날 다시 작업장으로 가보면 그 부분이 엉망이 되어 있다. 하나님은 "내가 어제 이 부분을 잘 다듬어 놓았는데 누가 저렇게 망가뜨려놓은 거지?"라고 물으신다. 나는 양심의 가책을 느끼며 손을 들어올리고 결국은 내가 범인이라는 사실이 드러난다. 내가 나의 가장 큰 훼방꾼이다. 나는 좀 더 나아지게 할 수 있을 것이라 생각하지만 오히려 더 엉망으로 만들어놓고 마는 것이다. 그러나 하나님은 신실한 분이시다. 다시 끌과 망치를 잡으시고 끈기 있게 일을 계속하신다. 하나님은 도중에 그만둘 일은 아예 하지 않으실 것이다.

바브 던컨 Barb Duncan 에게 그녀가 경험한 하나님의 신실하심을 이야기해달라고 부탁한 적이 있다. 그녀는 그녀와 그녀의 남편 월리 Wally 가 결장암에 걸리고, 강도의 칼에 찔리고, 심장마비로 쓰러져 여섯 번에 걸쳐 수술을 하는 등 여러 가지 건강상의 어려움이 있었지만 그 문제들로부터 헤어날 수 있었던 경험을 적어 보내주었다. 그녀는 또 두 차례에 걸친 실직과 이로 인한 재정적인 곤경들에 대해서도 언급했다. 그리고 그녀는 다음과 같이 덧붙였다.

> 하나님의 신실하심에 대해 이야기해달라고 부탁받았을 때 내가 이야기할 수 있는 전부는 무지개를 보았던 순간, 편지를 통해 뜻밖에 배달된 수표, 시의적절하게 깨달음을 주었던 말, 성공적인 수술 등

하나님이 매일마다 우리를 다듬기 위해 보여주셨던 수많은 작은 방법들이었다. 하나님의 신실하심은 매일 모든 상황 속에서 하나님을 보여주는 수천 개의 작은 빗방울과도 같다. 이러한 빗방울들이 내 삶 전체를 뒤덮고 있는 것이다.

그러나 이보다 중요한 것은 따로 있다.

나는 약속한 것을 지키시는 하나님의 신실하심은 나의 느낌이나 감정에 상관없이 한결같다는 사실을 알게 되었다. 즉, 하나님은 내 모든 의심이나 좌절에 동요하지 않으신다. 우리는 가장 고통스러운 순간에 열심히 기도하기 시작하고, 살아계시고 우리와 교통하시는 하나님의 음성에 훨씬 더 진지하게 귀를 기울이게 된다. 하나님과 맺고 있는 관계가 하나님이 내게 주신 그 어떤 선물들보다 훨씬 더 소중한 응답이 되어왔다.

그녀의 마지막 말에는 데살로니가전서 5장 23-24절의 정신이 깃들어 있다. 하나님은 우리의 기도를 들으시고 우리의 필요를 채워주시는 것 이상의 일을 하실 만큼 신실한 분이시다. 하나님은 그분이 친히 우리에게 필요한 응답이 되어주신다는 사실을 우리가 이해하기 원하신다.

우리의 성숙을 완성하는 하나님의 약속

'그가 또한 이루시리라' 고 말하고 있는 데살로니가전서 5장 24

절의 마지막 부분에 주목하라. 단순하고 직선적이다. 조건이나 망설임이나 의심 같은 것은 하나도 없다. "아마도 그가 이루실 것이다" "그가 이루실 수 있을 것이다" "원하신다면 이루실 것이다"라고 말하지 않고 "그가 이루시리라"라고 말하고 있다. "우리가 우리의 역할을 한다면 이루실 것이다"라고 말하지도 않았다. 그저 하나님이 이루실 것이라고 간단하게 선포하고 있다. 우리의 역할에 관한 그 어떤 언급도 없다. 중요한 것은 내가 하나님을 꽉 붙잡는 것이 아니라 하나님이 나를 붙잡으신다는 사실이다.

내가 "어떻게 지내세요?"라고 물으면 대부분의 사람들은 "잘 지내고 있습니다"라고 대답한다. 그러나 그것은 의례적인 대답일 뿐 정확한 대답은 아니다. 실제로는 잘 지내지 못하고 있을 때가 훨씬 더 많다. 그런대로 괜찮다고 느끼는 사람들도 있고, 부분적으로는 괜찮고 또 부분적으로는 그렇지 않다고 느끼는 사람들도 있다. 그러나 삶의 모든 영역에서 전적으로 잘 지내고 있는 사람은 아무도 없다. 지금 우리는 괜찮지 않다. 그러나 하나님의 은혜로 우리는 괜찮은 방향으로 나아가고 있다. 그리고 마침내 하나님 앞에 서게 될 때 하나님의 자녀들은 모두 괜찮게 될 것이다. 그날에 우리는 온전하고 완전하게 될 것이다. 순전하고 순수하게 될 것이다. 망치 소리나 톱 소리는 더 이상 들리지 않게 될 것이다. 광을 내는 일도 없을 것이다. 하나님이 시작하신 일을 마치셨기 때문이다.

우리는 진전이 없는 것처럼 보이기 때문에 화를 내고 의심하며 실망할 수도 있을 것이다. 또 좌절하며 포기할 수도 있을 것이다.

그러나 하나님은 변함이 없으시다. 하나님은 신실한 분이시고 우리 안에서 시작하신 일을 마치실 것이다. 우리가 할 일은 무엇인가? 우리 자신을 그저 하나님의 손에 맡기는 것이다. 성도를 예수님의 형상으로 빚으시는 거장과 협력하는 것이다. 우리는 단지 "주님, 제가 여기 있습니다. 저를 하나님이 원하시는 사람으로 만들어 주십시오"라고 말하는 것으로 충분하다.

용기를 가지라. 하나님이 당신의 삶 속에서 일하고 계신다. 그리고 그 일이 끝날 때까지 하나님은 멈추지 않으실 것이다.

제11장

모든 세대를 향한 하나님의 신실하심

33년 전 오늘 당신이 어디에서 무엇을 하고 있었는지 알고 있는가? 그 해 365일 동안 무엇을 했는지 나는 대답할 수 없을 것이다. 그러나 특별한 하루에 대해서는 대답할 수 있다. 33년 전 오늘 나는 미시시피 동북부에 있는 티쉬밍고 주립 공원에 있었고, 학생 수련회에 참석하고 있었다. 지금 내가 이 글을 쓰고 있는 오늘은 목요일이지만 33년 전에는 토요일이었다. 나는 그 주말에 있었던 여러 가지 일들을 기억하고 있다. 그때 고등학생이었던 나는 금요일 밤에 열렸던 강연에 연사로 초청을 받았다. 나는 '미션: 임파서블Mission: Impossible'이라는 주제로 이야기를 했었는데 구체적인 내용은 기억이 나지 않는다. 녹음된 것도 없고 남아 있는 메모장도 없다. 그리고 토요일 앨라배마 대학의 학생들이 우리에게 강연하기 위해 찾아왔

245

다. 그들은 나에게 생소한 조직인, 대학생 선교회 소속 학생들이었던 것으로 기억한다. 그들이 어떻게 개인적으로 그리스도를 알게 되었는지를 이야기했을 때 나는 상당히 충격을 받았다. 나는 복음주의 교회에서 자라기는 했지만 그리스도를 아는 것에 대해 그들처럼 이야기하는 것을 들어본 적이 없었다. 내가 그 학생의 간증 가운데 지금까지 유일하게 기억하는 한 마디는 "지팡이에 올라타야 할 때다. 그리스도가 그 지팡이시다"라는 말이다. 백 년의 삼분의 일이 지난 지금도 나는 여전히 그 말을 곱씹어보게 된다.

그 다음 날 나는 앨라배마의 작은 마을로 돌아왔다. 그 주말에 내 삶을 변화시킨 어떤 일이 일어났고, 그 이후 그 변화된 삶이 계속 유지되었다. 지난날을 돌아보면서 나는 그 '어떤 일'의 정체를 알게 되었다. 그것은 내 삶에서 내가 보았던 것과 그 열정적인 대학생들의 삶에서 내가 보았던 것의 차이점이었다. 내게는 종교가 있었고, 그들은 하나님을 알고 있었다. 그들의 간증은 설득력은 부족했지만 그들의 순수한 믿음이 빛을 발하고 있었고, 그 속에서 공허한 내 삶이 드러났다. 그 주말의 어느 시점에 내 눈의 비늘이 떨어져나갔고, 나는 내가 비록 종교 생활을 하고 세례를 받고 교회의 한 일원으로 학생회에서 열심히 일었긴 했지만 내가 구원받은 것은 아니라는 사실을 깨닫게 되었다. 나는 주님을 모르고 있었다. 그때 "어떤 느낌이었는가?"라고 누군가가 묻는다면 나는 안도감을 느꼈다고 대답해야 할 것 같다. 병원에 가서 드디어 의사의 진단을 받게 되었을 때 느끼는 그런 느낌과 같았다. 수련회를 마친 후 여전히 생각에 잠겨 집으로 돌아갔다.

　그 주일날 오후 나는 예수님과 해야 할 일이 있다는 것을 분명히 깨달았다. 그러나 어떻게 해야 하는지를 몰랐다. 그러나 한 순간이 내 기억 속에 선명하게 남아 있다. 그날 오후 5시 15분경 나는 현관문을 열고 나가 우리 집 돌계단 위에 혼자 앉아 있었다. 그리고 여러 가지 생각 끝에 나는 머리를 숙이고 "예수님, 예수님이 정말 계시다면 제 삶 속에 들어와주십시오. 아멘"이라고 말했다. 그리고 일어나 걷기 시작했다. 나는 내 안에서 무슨 일이 일어나고 있는지 전혀 모르고 있었다. 나는 천사가 노래하는 소리를 듣지 못했다. 하나님의 음성도 듣지 못했다. 그러나 내 속에서 피어올랐던 설레임과 흥분을 기억하고 있다. 중요한 일을 막 마친 후에 무슨 일이 벌어지게 될 것인지를 알고 싶을 때 느끼는 기대감 같은 것이었다.

　무엇을 어떻게 해야 하는지 알 수 없었기 때문에 나는 집 안으로 들어가 성경을 집어들고 요한일서를 펼쳤다. 왜 그렇게 했는지는 모르겠다. 그러나 나는 나중에서야 요한일서가 초신자가 읽기에 아주 적합한 부분이라는 것을 알게 되었다. 왜냐하면 요한일서는 사람들이 영생에 대한 확신을 가질 수 있도록 돕기 위해 쓰여졌기 때문이다.

　크리스천으로서의 나의 삶은 33년 전에 그렇게 시작되었다. 그 후 한 세기의 삼분의 일이 지났다. 그리고 십대 청소년기에 내가 내렸던 그 결정이 지금까지 살아온 내 삶의 특징을 결정짓는 근간이 되었다고 본다. 오래전 주일 오후 우리 집 돌계단에 앉아 짤막하게 기도했을 때 일어났던 그 일 때문에 지금의 내가 있게 된 것이다.

과거에 보여주신 하나님의 신실하심

한밤중에 만난 하나님

일 년 후 나는 고등학교를 졸업했고, 언론 매체에서 일하고 싶다는 꿈을 가지게 되었다. 그 당시 나는 월터 크론카이트 Walter Cronkite 와 같은 사람이 되고 싶었고, 언젠가 라디오나 텔레비전에서 활약하고 싶은 꿈을 꾸고 있었다. 그리고 미주리 대학에 가서 언론 보도에 관한 공부를 할 계획을 세웠다. 그러나 잠언 16장 9절은 "사람이 마음으로 자기의 길을 계획할지라도 그 걸음을 인도하는 자는 여호와시니라"고 말하고 있다. 하나님이 우리의 걸음을 인도하시는 것은 사실이다 잠언 3:6절 참조. 그러나 이 구절은 하나님이 우리의 걸음을 결정하신다고 말하고 있다. 이 말은 우주의 모든 세세한 일까지 감독하시는 하나님의 통제권에 대해 말하고 있는 표현이다. "사람은 제의하고 하나님은 처리하신다"라는 말이 있다. 우리는 우리의 모든 계획을 세울 수 있고 우리 삶의 계획을 단계별로 면밀하게 수립할 수 있다. 그러나 결국은 하나님이 우리가 옮기는 모든 발걸음을 결정하신다. 계획을 세운 후에도 우리는 그 계획이 성공하게 될지, 성공한다면 정말 우리가 행복할 수 있을지 알지 못한다. 우리의 계획은 달라질 수 있다. 왜냐하면 우리가 달라지고, 우리의 환경이 변화되고, 우리 주변에 있는 사람들이 달라지기 때문이다. 이러한 혼란 속에서 하나님이 우리가 가야 할 길을 정하신다는 것을 사실은 큰 위안이 된다.

하나님이 다시금 내게 말씀을 주셨던 날은 33년 전 주일 오후 내가 기도했던 그날로부터 정확하게 일 년쯤 지난 뒤였다. 이번에는 가족들이 모두 잠든 깊은 밤이었다. 고등학교를 졸업하게 된 그 달에 나는 방 안을 천천히 걸어다니면서 어떻게 살아가야 할 것인가를 고민하며 밤늦게까지 깨어 있곤 했었다. 내가 선택할 수 있는 길이 너무 많았고 모두 나를 신나는 목적지로 안내할 것 같았다. 어느 길을 선택해야 하는 것인가? 그 당시 나는 모르고 있었지만 하나님은 나를 사역의 길로 부르고 계셨다. 어느 날 밤 늦게 나는 내 방을 천천히 걷다 잠이 들었다. 그리고 한밤중에 잠에서 깬 나는 하나님이 부르신다는 것을 알았다. 내가 그것을 어떻게 알았는지는 말할 수 없지만 하나님이 내 마음의 문을 두드리신다는 사실을 확실히 알 수 있었다. 당신이 이 말을 이해하지 못할 수도 있다. 그날 밤 그 일은 내가 감정적으로 '경험'한 것은 아니었다. 어떤 소리를 듣거나 어떤 것을 본 것도 아니었다. 그러나 하나님이 나를 부르셨고 나는 그 부르심에 응답해야 한다는 사실을 분명히 알 수 있었다. 그래서 "주님, 주님이 원하시면 목사가 되겠습니다"라고 말했다. 그리고 다시 잠이 들었다. 그렇게 간단하고 단순했다. 그러나 다음 날 아침 일어났을 때, 나는 '무슨 일'인가가 일어났고 내 삶의 방향이 바뀌게 되었다는 사실을 알 수 있었다.

6주 만에 하게 된 결혼

4년 후 같은 달에 나는 마를렌을 부모님에게 소개하기 위해 집으로 데려갔다. 나는 가족이 모두 모인 자리에서 부모님께 마를렌과 결혼하고 싶다고 말씀드렸다.

"6주 안에 애리조나 피닉스에서 결혼하고 싶습니다." 어머니는 조금 놀라셨고 아버지는 그저 웃으셨다. 나는 아버지가 전혀 놀라지 않으셨다고 생각한다. 나는 대학을 졸업했고 가을 학기에는 대학원에 입학을 해야 했기 때문에 더 이상 결혼을 미룰 수 없었다. 나는 나를 사랑하고 나와 기꺼이 결혼하기를 원하는 아름다운 여인을 만났다. 그런데 왜 기다려야 하는 것인가? 나의 이야기를 다 들은 부모님은 6주 안에 결혼해야 한다는 사실에 동의해주셨다.

그 후 15년의 세월이 흘렀다. 그 동안 우리는 결혼을 했고, 아버지는 우리가 결혼 한 후 얼마되지 않아 하늘나라로 가셨으며, 나는 신학 공부를 마쳤다. 우리는 캘리포니아로 이사를 했고, 그곳에서 두 아들을 얻었으며, 다시 텍사스로 이사하여 셋째 아들을 얻었다. 15년 후 같은 달에 나는 일리노이 주 오크 파크 Oak Park 에 있는 한 교회의 사역을 지원하기 위해 그곳을 방문하게 되었다. 그 과정은 매우 복잡하게 뒤엉켜 있었기 때문에 일일이 다 설명하는 것은 불가능하다. 다만 하나님이 원하지 않으셨다면, 내 힘만으로 그 모든 일을 제대로 결집시킬 수 없었을 것이라고 확신한다. 지원 과정은 순조롭게 진행되는 듯했다. 그리고 우리는 교회가 어떤 결정을 내릴 것인지 그리고 짐을 싸서 시카고로 이사를 해야 할 것인지를 궁금해하고 있었다. 나는 교인들의 90퍼센트 이상이 원하지 않는다면 가지 않을 것이라고 목사 선임 위원회에 말했다. 그것은 거의 불가능한 일인 것처럼 보였다. 사람들은 바울 사도라도 90퍼센트 이상의 지지는 얻을 수 없을 것이라고 생각했다. 그러나 투표 결과 교인들의 90퍼센트 이상이 찬성을 했고, 우리는 텍사스 갈렌드에서 짐을 꾸려 일리노이 주 오크 파크로 이사했다. 이사하면서 나는 전율 같은 것을 느꼈다. 남부 출신인 내가 어떻게 북부에, 그것도 다른 곳이 아닌 시카고에서 적응해나갈 수 있을 것인가? 그때 만약 하나님이 우리를 그곳으로 인도하신다는 믿음이 없었다면, 결코 가지 못했을 것이라 생각한다.

뒤를 돌아보고, 앞을 내다보고

그후 다시 13년이 지났다. 그 13년 동안의 행적에 대해 내게 묻는다면 나는 이렇게 대답할 것이다. "아무 일도 일어나지 않았고 또 모든 일이 다 일어났습니다." 그때 나는 흰 머리카락이 전혀 없는 36살 젊은이었다. 그러나 지금 나는 머리가 희끗희끗한 50살의 중년 신사가 되어 있다. 또한 13년 전에 4살, 7살, 9살이었던 세 아이는 지금은 각각 고등학교 졸업반, 대학교 2학년, 대학 졸업생으로 성장해 있다. 그리고 아내는 현재 기독교 학교에서 행정 직원으로 근무하며 그 당시에는 전혀 상상하지 못했던 길을 걷고 있다.

13년 전에는 그 학교가 존재하지도 않았다. 차에 짐을 싣고 북쪽으로 먼 이사를 했을 때 나는 무슨 일들이 일어나게 될지 전혀 모르고 있었다.

> 지금까지 그렇게 살았다. 이 글을 쓰고 있는 오늘을 기준으로…
> 33년 전 내일 나는 크리스천이 되었다.
> 32년 전 이 달에는 목사가 되기 위한 부름을 받았다.
> 28년 전 이 달에는 마를렌과 내가 6주 안에 결혼하기로 결정했다.
> 13년 전 이 달에는 지금 내가 섬기고 있는 교회의 목사가 되기 위해 지원했다.

내일 무슨 일이 일어나게 될지 누가 알겠는가? 최근에 한 친구가 내게 "하나님은 우리에게 미래에 대한 비디오 테이프를 주시지 않았다"라고 말했다. 나도 동의한다. 나는 33년 전에 그 이후에 일어나게 될 일들에 대해 모르고 있었던 것이 다행이라고 생각한다. 미리 알았다면 납득할 수 없었던 일들이 너무 많았을 것이다. 그리고 또 나를 겁나게 했을 일들도 있었을 것이다. 그냥 한 치 앞도 모르는 채 하루하루 살아나가는 편이 훨씬 더 낫다. 그렇게 할 때 우리는 하나님의 손에 미래를 맡길 수 있다.

과거를 돌아보면서 나는 내가 걸었던 모든 발걸음 속에서 하나님의 손길을 분명히 볼 수 있다. 내가 결혼한 후 얼마 지나지 않아 아버지가 세상을 떠나신 일처럼 여전히 납득할 수 없는 일들도 있다. 그러나 아버지가 결혼식을 보실 수 있도록 하나님이 우리 결혼 날짜를 앞당기셨던 것이 분명하다. 그 밖의 다른 것들은 – 왜 아버지가 병에 걸리셨고, 왜 그때 돌아가셨는지는 – 아직도 밝혀지지 않은 채 남아 있다. 그러나 내가 행복하고 만족하기 위해 그 해답들을 모두 다 알아야 하는 것은 아니다. 나는 인생의 신비를 생각하면서, 하나님은 그분이 하신 일을 나에게 다 설명하실 필요는 없다고 생각한다. 그만큼 하나님은 경이로운 분이시며, 나는 그 사실에 흡족하다. 만약 내가 다 이해할 수 있는 하나님이라면 아마도 예배할 만한 가치가 없는 분이실 것이다.

50번 째 생일이 지나다

당신이 이 책을 읽을 때쯤이면 나의 50번 째 생일이 지나갔을 것이다. 그리고 그 시기를 보내는 많은 남자들처럼 나 역시 재고 조사를 하고, 앞뒤 좌우를 둘러보며 앞을 향해 나아가고자 할 것이다. 나는 내 남은 생애가 길든지 짧든지 간에 그 시간을 모두 하나님을 위해 가치 있게 살고 싶다. 나는 세 아들이 크리스천을 아내로 맞이하고 가정을 꾸리는 것을 볼 때까지 살고 싶다. 그리고 우리 손자들이 내 앞에서 뛰노는 모습을 볼 수 있을 만큼 오래 살 수 있기를 기도하고 있다. 하나님이 허락하신다면 아내와 나는 함께 늙어갈 것이다. 앞으로 22년 후 우리의 금혼식을 축하하게 될 수 있을지도 모르겠다. 나는 그렇게 되길 바란다. 그러나 이런 일들에 대한 그 어떤 보장도 없다. 우리의 미래는 하나님의 마음과 뜻 속에 숨겨져 있다.

그러나 나는 하나님이 내게 신실하셨다는 것만큼은 아주 잘 알고 있다. 하나님의 신실하심은 33년 전에 시작되었고, 이땅에서의 내 삶이 끝난 후에도 오랫동안 계속될 것이다. 내가 천국에 이를 때에도 하나님은 여전히 내 아이들과 아직 태어나지 않은 손자들과 증손자들에게 그리고 그 이후 세대들에게까지도 오랫동안 신실하실 것이다. 내가 우리 증손자들을 볼 수 있을 만큼 오래 살 수 있든지 없든지 간에 그들은(그리고 그 이후 세대들도) 내가 알고 있는 것과 같은 하나님의 신실하심을 경험하게 될 것이다. 그것이 세대를 잇는 하나님의 약속이다.

하나님의 지속적인 신실하심을 찬양하며

하나님의 지속적인 신실하심을 좀 더 알아보기 위해 시편 100편을 살펴보기로 하자. 여러 해 전에 시편 100편은 '찬송가 제 100번'이라는 곡으로 불려졌다. 그 곡조는 오늘날 우리들에게 '송영 The Doxology'으로 더 잘 알려져 있다. 히브리 성경에는 '감사의 시'라는 제목이 붙어 있다. 감사의 시들이 많이 있기는 하지만 감사의 시라는 제목이 특별히 붙어 있는 시는 시편 100편뿐이다. 시편 100편은 때때로 '환희의 노래'라고 불리기도 한다. 구약 당시 유대인들은 성전 예배의 한 부분으로 이 시편을 사용했다. 이는 신약 시대에도 마찬가지였다. 특히 종교 의식의 규정을 따르는 예배에서 더욱 그래왔다. 간단한 시 한편이 거의 3000년 동안 하나님의 백성들에게 마음의 축복이 되어온 것이다.

하나님의 신실하심을 찬양하는 세 가지 이유

시편 100편의 마지막 구절에서는 우리가 하나님을 찬양해야 하는 세 가지 이유를 보여주고 있다. "대저 여호와는 선하시니 그 인자하심이 영원하고 그 성실하심이 대대에 미치리로다" 5절.

첫 번째 이유: 여호와는 선한 분이시기 때문이다.
'대저 여호와는 선하시니.' 이 말은 하나님의 성품에 대해 말하고 있다. 즉, 하나님은 선한 분이시고 하나님이 하시는 모든 일은 선하다. 나는 당신이 어떤 상황에 처해 있는지 알지 못한다. 당신은 지금 힘겨운 상황 속에 있으면서 조금도 나아지지 않는 현실에 낙망하고 있을 수도 있다. 나는 당신이 어떤 상황 가운데 있는지 알지 못한다. 그러나 하나님이 당신에게 선하신 분이라는 사실만은 분명히 알고 있다. 나이지리아를 비롯한 아프리카의 다른 나라들에서 사역하는 목사들은 응답식 찬송가를 통해 이 사실을 교인들에게 가르친다. 목사가 "하나님은 선하시다"라고 외치면 교인들은 한목소리로 "언제나"라고 응답한다. 그런 다음 목사가 "언제나"

라고 말하면 교인들은 "하나님은 선하시다"라고 대답한다. 매우 힘있고 강력한 선언이다. 우리 하나님은 선하실 뿐 아니라 '언제나'라고 큰 소리로 다 함께 선언할 수 있을 만큼 어느 상황에서나 늘 선하시다.

우리 주변에서 우리가 볼 수 있는 모든 것이 이 사실을 확증해 주고 있다. 하나님의 선하심이 쉽게 나타날 때도 있고, 아니면 신비한 하나님의 섭리를 깊이 생각하는 동안 서서히 드러날 때도 있다. 결국 우리는 무슨 일을 하던지 선하신 하나님의 손길에서 떠나 있을 수 없다는 사실을 이런저런 방식을 통해 깨닫게 된다. 우리 모두에게는 가족, 친구, 건강, 좋은 성적, 좋은 직장, 좋은 병원 진단 결과 등 하나님께 감사해야 할 이유들이 많이 있다. 그러나 시편 100편은 우리에게 하나님이 선하시기 때문에 하나님을 찬양해야 한다고 말하고 있다. 그것이 하나님을 찬양하는 최고의 방법이다. 그것은 하나님이 행하시는 일들 때문이 아니라 하나님 그분의 특성 때문에 하나님을 찬양하는 것을 의미한다.

하나님은 하나님께 무언가가 부족하기 때문에 우리를 창조하신 것이 아니다. 하나님이 우리를 창조하신 이유는 하나님의 형상을 우리와 나누고 싶으셨기 때문이다. 하나님이 그렇게 하셨어야 할 필요는 없었다. 그러나 하나님이 바로 그런 분이셨기 때문에 그렇게 하셨다. 시편 기자는 "그는 우리를 지으신 자시요 우리는 그의 것이니시 100:3"라고 말하고 있다. 우리가 존재한다는 사실 자체가 하나님의 선하심을 입증하는 것이다. 하나님은 우리를 지으시고 자신의 아들을 이땅에 보내어 우리를 대신해 죽게 하실 만큼 그렇게 우리를 사랑하고 돌보신다. 하나님이 언제나 선하시다는 것은 틀림없는 사실이다. 하나님은 언제나 선하시다.

두 번째 이유: 그 인자하심이 영원하기 때문이다.

'그 인자하심이 영원하고.' 이 구절의 '인자하심'이라는 말 대신 '사랑'이라는 말로 번역한 경우도 있다. 하나님의 선하심이 하나님의 성품을 말하는 것이라면 하나님의 인자하심은 하나님의 특성을 말하는 것이다. 인자하심은 죄인들을 대하시는 하나님의 선하심이다. 하나님은 현재와 미래의 죄를 모두 용서하신다. 하나님의 인자하심은 영원하기 때문에 시작도 없고 끝도 없다. 창세 전부터 하나님은 영원히 인자한 분이셨다. 그리고 하나님이 영원하신 분이기 때문에 하나님의 인자하심은 사람이 생각할 수 있는 미래 그 이상으로 무한히 이어진다. 영원이라는 것은 마침내 끝난다 해도 – 그런 일이 일어날 수 있다면 – 하나님의 인자하심은 여전히 영원할 것이다. 바닥이 난다거나 고갈되는 일은 결코 없을 것이다. 하나님이 당신에게 할당하신 인자하심을 다 사용했다고 생각할 때, 하나님의 보좌에서 흘러나오는 무한한 강물이 있다는 사실을 알게 될 것이다. 하나님의 인자하심은 변화무쌍한 날씨와 같지 않다. 그것은 우리 자신이나 우리가 하는 일에 따라 달라지지 않는다. 하나님이 우리를 더 사랑하시도록 만들기 위해 우리가 할 수 있는 일은 아무것도 없다. 그리고 하나님이 우리를 덜 사랑하시도록 만들 수도 없다. 하나님의 사랑은 무한하고 영원하다.

우리는 십자가에서 하나님의 사랑과 인자하심을 가장 분명하게 볼 수 있다. 어느 날 서점 옆을 지나가다가 "내가 예수님에게 '저를 얼마나 사랑하세요'라고 물었을 때 예수님은 '이만큼'이라고 대답하시며 두 팔을 크게 벌리고 돌아가셨다"라고 글귀가 새겨진 액자를 보았다. 갈보리 위에 서 있는 피 묻은 십자가를 바라보라. 죽어가는 하나님 아들의 모습을 응시하라. 거기서 측량할 수 없는 은혜와 분에 넘치는 인자하심 그리고 도를 넘어서는 사랑을 발견하게 될 것이다.

며칠 전 나는 주님을 위해 살아가고자 노력하고 있는 자신의 이야기를 적은 이메일 한 통을 받게 되었다. 다음은 그녀가 쓴 이메일의 마지막 문단이다.

> 타락하고 하나님을 거역한 사람들을 향한 하나님의 신실하심에 대해 말씀하신 목사님의 메시지에 제 마음이 크게 동요했어요(목사님이 마치 집중 광선을 제게 쏘는 것처럼 느꼈고, 그럴 때마다 목사님이 제게 말씀하신다는 사실을 다른 사람들이 알게 될까봐 두려웠어요. 그래서 그 빛이 사라지기를 바랐어요). 그러나 하나님이 시작하신 일은 하나님이 반드시 이루신다는 메시지는 목사님이 상상할 수 없을 만큼 제게 큰 위안이 되었어요. 하나님이 제게 무언가를 하실 것이라는 사실을 알고 무척 기뻤어요. 저는 지금까지 기적적인 일이 일어나기를 기다리면서 다른 큰 죄에 빠지지 않기를 그저 바라는 마음

으로 무기력하게 하루하루를 살아왔어요. 여러 해 동안 "주일까지 이렇게 갈 수만 있다면 그럼 괜찮을 거야"라고 말해왔지요. 그러나 이제는 하나님이 실제로 제게 무언가를 하고 싶어하신다는 사실을 알게 되면서 미약하지만 제 미래에 대한 믿음을 다시 갖게 되었어요. 하나님의 놀라운 은혜는 사실 아주 간단했어요. 그 은혜는 전적으로 하나님의 사랑을 기초로 한 것이었어요. 그리고 제가 무엇을 하든지 간에 그리고 어떤 사람이 되려고 애를 쓰든지 간에, 심지어 하루 아침에 모든 것을 엉망으로 만들어놓았다 할지라도 하나님은 여전히 저를 위한 계획을 갖고 계신다는 것을 알게 되었어요. 제가 섬기는 하나님은 정말 경이로운 분이세요.

그런 것이 바로 하나님의 사랑이 만들어낼 수 있는 차이다. 하나님의 인자하심은 영원하다.

세 번째 이유: 하나님의 성실하심이 대대에 미치기 때문이다.
'그 성실하심이 대대에 미치리로다.' 시편 100편의 이 마지막 절은 하나님이 우리에게 하신 약속을 말해주고 있다. 우리는 확신을 가지고 미래를 맞이할 수 있다. 왜냐하면 하나님의 성실하심이 자손대대에 미치기 때문이다. 이 절을 '하나님의 진실하심은 계속된다'라고 번역한 경우도 있다. 그것은 정확한 번역이다. 왜냐하면 하나님의 진실하심과 성실하심은 둘 다 하나님의 변함없는 속성에서 나오는 것이기 때문이다. '하나님의 진리가 계속된다'는 말의 의미를 생각해보자.

하나님은 자신에게 진실하시다. 하나님에게는 속임수나 거짓이 없다. 하나님에게서는 그 어떤 잘못도 찾을 수 없다.
하나님은 그분이 지으신 창조 세계를 다루시는 일에 진실하시다.
하나님은 인간을 다루시는 일에 진실하시다.
하나님은 하나님의 모든 약속을 지키는 일에 진실하시다.

하나님이 지키지 않으신 약속을 어디에서 찾을 수 있겠는가? 하나님이 말씀하신 일 가운데 일어나지 않은 일이 있었는가?

하나님 안에 변화를 일으킬 수 있는 것은 아무것도 없다. 모든 일은 하나님의 계획에 따라 움직이고 있다. 모든 것이 최선이 되도록 하나님이 명하신다.

'대대에'라고 한 말을 생각해보라. 그 말은 실제로 '계속해서'라는 뜻이다. 출애굽기 20장 6절은 하나님이 하나님을 사랑하는 사람들에게는 '천대까지' 은혜를 베푸신다고 말하고 있다. 한 세대를 40년 정도로 본다면 하나님의 사랑은 최소한 4만 년 동안 이어진다. 그리고 약 3천 5백년 전 시내 산에서 모세에게 이 약속을 주셨기 때문에 우리는 하나님의 성실하신 사랑이 최소한 3만 6천 5백 년은 더 계속될 것이라는 결론을 내릴 수 있다. 그러니까 3천 5백 년이 지난 지금까지 하나님 사랑은 10퍼센트에도 미치지 못했다는 말이다. 그러나 몇몇 사람들은 "천대까지라는 말은 그런 뜻이 아니다"라고 반박할 수도 있을 것이다. 맞다. 사실 그런 뜻이 아니다. 그러나 그렇다고 그것이 전적으로 비유적인 것만도 아니다. 이 구절은 하나님의 사랑과 신실하심은 인간의 이해를 훨씬 능가하는 것이라는 사실을 우리에게 일깨워주고 있다.

하나님의 신실하심에 대한 확신

할아버지와 아버지, 아들, 손자, 증손자가 나란히 서 있다고 생각해보라. 시편 100편은 할아버지의 하나님이 아버지의 하나님이 될 것이고, 아버지의 하나님이 아들의 하나님이 될 것이고, 아들의 하나님이 손자의 하나님이 될 것이고, 손자의 하나님이 증손자의 하나님이 될 것이라고 우리에게 말하고 있다. 그리고 그렇게 계속 이어질 것이다. 한 세대가 왔다간다. 그리고 다음 세대가 그 뒤를 이어 또 왔다간다. 하나님만이 영원히 머무르신다.

이것이 죽음 언저리에 있는 우리의 소망이다. 그 때문에 죽은 사람을 땅에 묻으면서도 기뻐할 수 있는 것이다. 나는 목사로서 살아온 지난 25년을 돌아보면서 내가 알고 있는 위대한 크리스천들이 편히 쉴 수 있도록 땅에 묻어준 것이 나의 신성한 특권이었음을 보아왔다. '비록 하나님의 사람은 죽지만 하나님께 속한 것은 그 무엇도 죽지 않는다' 라는 말이 있다. 우리는 죽음을 두려워할 필요가 없다. 그 이유는 크리스천은 이땅에서 그의 임무가 끝날 때까지 죽지 않기 때문이다. 하나님이 정하신 때가 이르기 전까지 우리는 죽을 수 없고 또 죽지 않을 것이다.

유진 롱이나우 Eugenie Longinow 가 세상을 뜨기 직전에 아내와 나는 오크 파크에 있는 웨스트 서브어번 병원에 입원해 있던 그녀를 찾아갔다. 그녀와 그녀의 남편은 제2차 세계 대전 직후 유럽에서 미국으로 건너왔다. 그들은 시카고에서 라디오로 기독교 방송을 들으면서 영어를 배웠다. 우리가 찾아갔을 때 그녀는 그리 오래 살 수 있을 것처럼 보이지 않았다. 그녀는 말을 잘 할 수 없었다. 그러나 우리가 누군지를 알아보았다. 그리고 우리가 시편 23편을 암송하기 시작하자 그녀는 우리와 함께 외우려 했다. 나는 우리 교회 장로들 가운데 한 사람인 존 세르게이John Sergey에게 전화를 걸었다. 그리고 그날 밤에 그녀가 세상을 뜨게 될 것 같다고 말했다. 나는 통화를 마칠 무렵 존이 했던 기도를 결코 잊지 못한다. "하나님, 감사합니다. 한 성도의 죽음으로 인하여 하나님께 감사를 드립니다. 어떤 사람은 먼저 가고 어떤 사람은 나중에 갑니다. 그러나 하나님의 자녀들은 하나씩 이땅에서 하나님 앞으로 갑니다." 나는 성도의 죽음을 두고 하나님께 감사하는 기도를 들어본 적이 없었다. 그러나 그 기도는 전적으로 성경의 가르침을 근거로 한 것이었고 존의 기도는 내 마음의 짐을 덜어주었다.

이땅에서 살아가는 우리가 인생의 여정을 끝마치게 될 때까지 얼마의 시간이 걸릴지 나는 알지 못한다. 그러나 그 길이 하나님의 사랑과 신실하심으로 덮여 있다는 사실을 잘 알고 있다. 그리고 우리는 두려워할 필요가 없다.

하나님의 성실하심이 대대손손 미친다는 것이 나는 매우 기쁘다. 나는 50살이다. 언제까지 살게 될지는 알 수 없다. 아마도 하나님이 장수의 은혜를 주신다면 80이나 90살까지 살 수도 있을 것이다. 그러나 영원히 살 수는 없다. 나는 세월이 흐를수록 내 삶의 얼마나 많은 시간 동안 내가 우리 세 아들에게 둘러싸여 있었는지를 깨닫게 된다. 이제 곧 그들은 성인이 되어 자신들의 가정을 이루게 될 것이다. 그리고 그 후에는 그들도 할아버지가 될 것이다.

하나님이 여전히 그들을 돌보실 것인가? 그들의 자녀들도 돌보실 것인가? 그리고 또 그들의 자녀들도 돌보실 것인가? 그때도 그들과 함께하실 것인가? 그 대답은 "그렇다"이다. 하나님의 성실하심은 내가 아니라 대대손손 이어지는 하나님의 성품에 달려 있기 때문이다. 그것은 세 아들이 잘 살아갈 수 있도록 내가 반드시 살아 있어야 하는 것은 아니라는 뜻이다. 하나님이 그렇게 하실 것이기 때문이다. 내가 이땅을 떠난 후에 내 모든 기도들이 다 응답되지 않는다 할지라도 나는 세 아들을 돌보시는 하나님을 신뢰할 수 있다. 이 얼마나 큰 위안인가! 이땅에 있는 동안 나는 세 아들을 돕기 위해 최선을 다 할 수 있다. 그리고 내가 떠난 후 하나님의 성실하심이 그들과 그들의 손자들, 그들의 증손자들에게까지 대대로 이어질 것이다.

이런 생각들을 하고 있는 동안 마음에 사무치는 생각이 하나 떠올랐다. 내가 죽어가면서 내 아들들에게 가장 좋은 것을 남겨줄 수 있는 시간이 30초 가량 있다면 나는 무슨 말을 할 것인가? 아주 신속하게 다음 네 가지 당부의 말이 떠올랐다.

1. 어머니를 돌봐드려라.

2. 서로 사랑하여라.
3. 크리스천 아내를 맞이하여라.
4. 영원히 예수 그리스도를 섬겨라.

이것은 내가 정말로 중요하게 생각하는 것을 요약한 것이다. 나의 세 아들이 이 당부대로 따른다면 나는 내게 주어진 삶을 잘 살았다고 생각하며 죽음을 맞이할 것이다. 하나님은 대대로 성실하실 것을 약속하셨다. 내가 중요하게 여기는 이것들이 설득력을 갖지 못한다면 그 약속은 벌이 될 것이다. 그러나 내가 중요하게 여기는 이것들이 하나님의 가치를 반영한다면 그 약속은 미래를 위한 내 최고의 소망이 될 것이다.

하나님은 신실하신 분이기 때문에 우리는 대대로 하나님을 신뢰할 수 있다. 자녀들을 염려하는 부모들이 가질 수 있는 소망이 있다. 우리를 돌보시는 하나님이 우리의 자녀들도 돌보실 것이다. 그리고 그들의 자녀들의 자녀들도 돌보실 것이다.

대를 이은 하나님의 신실하심을 기념함

내가 이 책을 쓰고 있는 동안 친구 크리스 잔스 Chris Jahns 가 그의 가족에게 대대로 신실하셨던 하나님에 대한 이야기를 썼다. 몇 년 전 흩어져 살던 잔스의 일가 친척이 콜로라도 디어 밸리 산장에 모였는데 그때 약 50명의 친척들이 참석했다. 크리스의 아버지와 두 삼촌에게는 믿음의 어머니가 있었다. 20대 초반에 하나님으로부터 멀리 떠나 있었던 그녀는 믿지 않는 사람과 결혼했다. 그러나 결혼 후 곧 하나님께 돌아왔고, 하나님과 남편에게 헌신하고 하나님 안에서 자녀들을 양육하였다. 그녀는 조용하고 사랑스럽고 신실한 여인이었으며, 기도하는 여인이었다. 그리고 크리스가 어렸을 때 세상을 떠나셨다. 그러나 이상적이라고 할 수 없는 결혼 생활(믿지 않은 사람과의 결혼 생활) 속에서 그녀가 보인 신실함과 일가친척을 위한 그녀의 기도는 하나님의 마음을 움직였다. 그 결과 그녀의 세 자녀는 모두 굳건한 크리스천으로(교회의 장로와 교사들로) 성장했고, 11명의 손자들도(그들 중 대부분은 그녀가 모르는) 크리스천이 되어 하나님을 섬기고 있다. 또한 20명이 넘는 증손자들도(모두 그녀가 알지 못하는) 그리스도를 따르고 있다. 어린 아이들을 하나님께 드리는 예배를 진행하는 동안 나는 종종 "오늘 시작된 기독교 진리의 줄기가 삼사대까지 이어지게 하옵소서"라고 기도하고 "그러나 우리 모두가 이 기도가 응답되는 것을 볼 수 있을 때까지 살 수는 없을 것입니다"라고 덧붙인다. 크리스는 자신의 할머니에 대해 하나님이 어떻게 대대로 일하시는지를 보여주는 이상적인 본보기였다고 쓰고 있다. 그녀는 기도했다. 그러나 그 응답의 시작만을 보았을 뿐이다.

크리스는 계속해서 자신에게 이어진 신앙의 유산은 부모의 좋은 양육이나 행운의 결과가 아니었다고 말했다. "하나님이 수세기에 걸친 기도와 신실한 헌신을 통해 주신 복이며, 그 복에는 다음 세대를 신앙인으로 이끌 큰 책임감이 따른다." 구약 성경에서 하나님의 백성들은 그들의 영적 여정 속에서 일어났던 중요한 순간들을 기억하기 위해 종종 이를 기념하는 단을 쌓았다. 크리스는 자신의 자녀들이 그들이 물려받은 영적 유산을 공유하고 그들의 자녀들에게 물려주기를 바라는 마음을 담아서 콜로라도 산 높은 곳에서 가족들이 재회하는 특별한 행사를 계획했다. 모든 일가 친척이 멀리 떨어진 그곳까지 길고 힘든 여행을 마다하지 않고 찾아왔다. 그곳에서 그들은 그들을 향한 하나님의 신실하심을 이야기하고, 어떻게 하면 하나님의 신실하심을 당연한 것으로 받아들이지 않을 수 있는지를 이야기했다. 그런 다음 각 세대를 대표하는 아버지들이 앞으로 나오고 아내와 딸들은 성경을 읽었다. 남자들이 한가운데 모이고 여자들과 어린 아들들이 그들을 둘러쌌다. 그들은 모두 손을 들어올리고 남자들이 하나님과 아내, 자녀들에게 신실하게 해달라고 기도했다. 그들은 주님으로부터 오는 지혜와 능력이 그들과 함께하기를 기도했다. 그런 다음 어머니들이 앞으로 나오고 남자들이 성경을 읽고 아내와 딸들을 위해 기도했다. 그 다음에는 어린아이들이 앞으로 나서고 그들을 위한 간절한 기도가 시작됐다. 그들은 하나님께 신실할 수 있도록 그리고 하나님의 진리가 그들의 다음 세대까지 전해질 수 있도록 기도했다. 그리고 믿음의 첫 세대가 다음 세대들에게 하나님께 신실했던 크리스의 할머니와 고조 할아버지에 대한 이야기를 들려주었다. 그런 다음 마지막으로 모두 일어나 동그랗게 손을 잡고 서서 찬송가 '오 신실하신 주'를 다함께 불렀다. 가족들이 하나님의 신실하심을 기억하고, 그 신앙의 유산을 다음 세대에 물려주기로 다짐하는 동안 큰 기쁨의 눈물이 흘러내렸다.

크리스는 이야기를 이렇게 마무리했다.

우리가 상징적으로 한 마지막 행동은 돌들을 주워(어른들은 커다란 돌들을 찾아 굴려왔고, 그밖의 사람들은 작은 돌들을 모았다) 하나님을 기념하는 비를 세우는 것이었다. 내 사촌들은 해마다 산장으로 돌아와 그들이 다짐한 헌신 그리고 대대로 신실하심을 보여주신 하나님께 대한 감사의 마음을 기억하기 위해 언제나 그 기념비를 찾아간다. 산장의 주인들은 종종 방문객들을 그곳으로 데려가 그들의 이야기를 들려준다. 그것은 나의 삶 속에서 가장 빛나는 영적 장면 가운데 하나다. 우리 아이들과 친척들의 삶 속에서도 분명히 그럴 것이다.

이런 이야기는 놀라운 간증이 되고 또 다른 많은 가정들이 본받아야 할 좋은 본보기가 된다. 주님이 주신 복을 기억하고 대를 이어 흐르는 주님의 신실하심을 축하하는 것은 매우 유익한 일이다. 그리고 우리의 자녀들과 그들의 자녀들이 그들에게 이어져내려온 영적 유산들을 알고 그 유산들을 계승할 수 있도록 해주는 것은 매우 중요하다.

하나님의 신실하심 속에서 대대손손 쉼을 얻다

나이가 들면서 나는 어떤 일들에 대해서는 점점 더 확신이 없어지는 반면 또 어떤 일들에 대해서는 점점 더 분명한 확신을 갖게 되는 내 자신을 본다. 내가 확실하게 알고 있는 세 가지는 다음과 같다.

1. 하나님은 선하시다.
2. 하나님의 인자하심은 영원하다.
3. 하나님의 신실하심은 대대로 이어진다.

하나님은 신실한 분이신가? 어느 상황에서나 신뢰할 수 있는 분이신가? 나는 진심으로 그렇다고 믿는다. 성경은 하나님이 신실하신 분이라고 선포하고 있고, 모든 세대를 초월한 수많은 크리스천들이 그것을 입증해왔다. 하나님은 그분의 말씀을 지키는 분이시다. 그래서 우리는 하나님이 행하겠다고 말씀하신 것을 행하실 것이라고 믿고 신뢰할 수 있다.

포기하고 항복하거나 혹은 감사하거나

A. W. 토저^{A. W. Tozer}는 "감사하는 사람은 냉소적일 수 없다"라고 말했다. 그 말을 읽은 나는 잠시 멈칫하지 않을 수 없었다. 왜냐하면 우리는 냉소적인 시대를 살아가고 있기 때문이다. 냉소적인 사람은 인간의 속성 중 어두운 면만을 너무 자주 보기 때문에 무엇이든 있는 그대로 받아들이지 못하는 사람이다. 그런 사람은 그 어떤 의심도 하지 않는 유토피아적인 사람에 비하면 참신하고 실제적인 사람으로 보일 수 있다. 신문 기자들 사이에 유명한 격언이 생각난다. "어머니가 사랑한다고 말하시더라도 그 사실 여부를 확인해보라." 무엇이든 확인해보는 것은 좋은 일이다. 또 하와이 '공짜' 여행권을 주겠다는 전화를 받는다면 한 번쯤 의심해보는 것이 좋다. 그런 전화를 받고 있다가는 물건을 팔기 위해 한 시간 이상 선전하는 이야기를 들을 것이 뻔하기 때문이다.

약간의 냉소는 유익할 수도 있다. 그러나 다른 덕목들처럼 쉽게 악습으로 변질될 수 있다. 그래서 토저의 말을 다시 생각하지 않을 수 없다. 감사하는 마음은 '하나님만이 모든 복의 근원이 되신다'는 사실을 인식하는 것으로부터 나온다. 내게 있는 것은 그것이 내게 있도록 하나님이 의도하셨기 때문에 내게 있는 것이다. 내가 살고 있는 곳에서 살아가고 있는 것은 하나님이 이곳에서 내가 살도록 의도하셨기 때문이다. 내가 특정한 한 가정에서 태어난 것은 그 가정에서 태어나도록 하나님이 의도하셨기 때문이다. 나는 테네시에서 태어나 앨라배마에서 자랐고, 체터 누가에서 내 아내를 만났으며, 달라스에 있는 신학교에서 공부했고, 지금은 오크 파크에서 살고 있는데 이 모든 것은 하나님이 그렇게 의도하셨기 때문이다. 그리고 심지어는 내 문제들도(그리 많은 것은 아니지만) 사랑하시는 하나님의 손길을 통해 내게 일어난 것이다.

인생 길에는 많은 굴곡들이 있다. 나이가 들어가면 갈수록 나는 하나님의 주권을 더 많이 인정하게 되는 내 자신을 보게 된다. 그것은 행운이나 우연 같은 것은 일어나지 않는다는 것을 – 인생의 가장 사소한 일들 속에서도 그런 일은 있을 수 없다는 것을 – 의미한다. 그리고 하나님이 삶과 죽음, 건강과 질병, 우리가 사랑하는 사람들의 장래 등과 같은 정말 중요한 일들을 전적으로 통제하고 계신다는 것을 뜻한다. 한 꼬마에게 주일 학교에서 무엇을 배웠는지를 묻자 "하나님은 절대로 '어머!' 라는 말을 하지 않으신다는 것을 배웠어요"라고 대답했던 것이 기억난다. 그 사실은 우리에게 큰 위안이 된다. 왜냐하면 우리는 너무나 자주 실수를 하고 "어머"라고 말할 수밖에 없는 세상에서, 그것도 좋은 의도를 가진 사람들이 실수하는 세상에서 살아가고 있기 때문이다.

냉소적인 사람들은 하나님이 우리의 모든 것을 알고 계신다거나 돌보신다는 사실에 대해 의심어린 눈초리를 보낸다. 그래서 의심과 분노에 항복하고, 때로는 헤어날 수 없는 절망감 속에서 포기한다. 그러나 우리는 이 사실을 믿기 때문에 어떤 어려움과 아픔 속에서도 포기하거나 항복하는 대신 하나님께 감사할 수 있는 것이다.

내 영혼의 겨울 그리고 봄

1쇄 인쇄 / 2008년 3월 10일
1쇄 발행 / 2008년 3월 20일

지은이 / 레이 프리처드
옮긴이 / 마영례
펴낸곳 / ㈜도서출판 디모데 〈파이디온선교회 출판 사역 기관〉

등록 / 2005년 6월 16일 제319-2005-24호
주소 / 서울 강남구 개포동 1164-21 파이디온 빌딩 6층
전화 / 영업부 02) 574-2630
팩스 / 영업부 02) 574-2631
홈페이지 / www.timothybook.com

값 10,000원
ISBN 978-89-388-1364-0
Copyright ⓒ㈜도서출판 디모데 2006 〈Printed in Korea〉